Wort Gottes feiern

echter

Wort Gottes feiern

Ein Ausbildungskurs für
Gottesdienstbeauftragte

herausgegeben vom
Liturgiereferat der Diözese Würzburg

erarbeitet 2002 von
Helmut Gabel
Bernhard Hopf
Burkhard Hose
Stephan Steger

überarbeitet 2019 von
Bernhard Hopf
Michael Pfeifer

Bibliografische Information der Deutschen Bibliothek
Die Deutsche Nationalbibliothek verzeichnet diese Publikation in der Deutschen Nationalbibliografie; detaillierte bibliografische Daten sind im Internet über <http://dnb.d-nb.de> abrufbar.

www.echter.de
Umschlag: wunderlichundweigand.de
Coverbild: © Michael Pfeifer
Gestaltung und Satz: Michael Pfeifer
Druck und Bindung: CPI-books, Clausen & Bosse, Leck
ISBN 978-3-429-05465-6

INHALT

Seit 1978 …

gibt es „Wortgottesdienste“ im Bistum Würzburg, die von Ehrenamtlichen geleitet werden. Die entsprechende Anregung des Zweiten Vatikanischen Konzils (1962–65) griff die Synode der deutschen Bistümer (1971–75) in ihrem Beschluss „Gottesdienst“ auf.

Für die Ausbildung entstanden Lehrbriefe für die Ausbildung von damals noch so genannten „Wortgottesdienstleitern“. Federführend war dabei Domkapitular Josef Pretscher (1928–2006). Bis zum Ende der 1990er Jahre wurden so in der Diözese Würzburg rund tausend Gottesdienstbeauftragte ausgebildet. Auch in vielen anderen Diözesen wurden diese Lehrbriefe verwendet.

Veränderungen in den Gemeinden und der Wunsch, nicht nur theologisch-theoretisch, sondern auch liturgisch-praktisch auszubilden, führten 2002 zur Neukonzeption des Ausbildungskurses. Nach kleineren Angleichungen wurde dieses Material nun von den beiden Referenten Bernhard Hopf und Michael Pfeifer überarbeitet und insgesamt aktualisiert.

Das Ausbildungsmaterial orientiert sich – nach einigen allgemeinen Abschnitten – am seit 2004 gültigen Aufbau der Wort-Gottes-Feier. Die Kapitel folgen dabei einer vierteiligen Gliederung: Nach einer (Begriffs-) Erklärung und dem Beleuchten des (theologischen/historischen) Hintergrunds wird die Grundform des jeweiligen liturgischen Elements vorgestellt. Die abschließend genannten Gestaltungsmöglichkeiten wollen zur eigenen Weiterarbeit anregen.

Das vorliegende Buch begleitet die rund einjährigen Ausbildungskurse für Gottesdienstbeauftragte im Bistum Würzburg. Darüber hinaus ist es aber auch Nachschlagewerk und Praxisbegleiter für alle, die sich für die Feier von Liturgie engagieren. Deshalb haben wir uns entschlossen, das Material allen Interessierten zur Verfügung zu stellen.

Dr. Stephan Steger

Um den Text lesefreundlich zu halten, wurde die grammatikalisch weibliche Form gewählt. Andere Geschlechter sind damit selbstverständlich ebenfalls angesprochen.

Wichtige Abkürzungen

Zitiert wird nach *Seiten* oder *Nummern*

AEM ▶ Allgemeine Einführung ins Messbuch [*Nummern*]

AES ▶ Allgemeine Einführung ins Stundengebet [*Nummern*]

Dienstebuch ▶ Gotteslob Dienstebuch [*Seiten*]

GORM ▶ Grundordnung des Römischen Messbuchs [*Nummern*]

GL ▶ Gotteslob. Katholisches Gebet- und Gesangbuch, Ausgabe für die Diözese Würzburg 2013 [*Nummern*]

Katechismus ▶ Katholischer Erwachsenen-Katechismus, Das Glaubensbekenntnis der Kirche 1985 [*Seiten*]

LG ▶ Lumen gentium – Dogmatische Konstitution über die Kirche [*Nummern*]

MB ▶ Messbuch II [*Seiten*]

PEM ▶ Pastorale Einführung ins Messlektionar [*Nummern*]

SC ▶ Sacrosanctum Concilium – Konstitution über die heilige Liturgie [*Nummern*]

VISN ▶ Versammelt in seinem Namen. Tagzeitenliturgie – Wort-Gottes-Feier – Andachten an Wochentagen [*Seiten*]

WGF ▶ Wort-Gottes-Feier. Werkbuch für die Sonn- und Festtage [*Seiten*]

1 LITURGIE

Erklärung

Der Begriff *Liturgie* kommt von griechisch *leitourgia* und ist zusammengesetzt aus *laos* (Volk) und *ergon* (Werk), meint also wörtlich „Werk des Volkes“ bzw. „Werk für das Volk“. Damit wurde zunächst ein öffentliches Amt oder ein Dienst für die Gemeinde bezeichnet, also z. B. das Graben eines Brunnens. Seit dem 2. Jh. v. Chr. bezeichnet *leitourgia* auch den Dienst der Priester am Tempel.

Im christlichen Verständnis meint *Liturgie* den jeweils gefeierten Gottesdienst, bei dem Menschen zusammenkommen, um

- mit Gott in Beziehung zu treten,
- untereinander in Beziehung zu treten,
- das Wort Gottes zu hören,
- darauf gemeinsam zu antworten.

Von *Liturgie* in diesem beschriebenen Sinn unterscheiden wir das persönliche Gebet des Einzelnen.

Liturgie kennt eine Vielfalt von Formen:

- die Feier der Eucharistie und der anderen Sakramente,
- die Feier der Sakramentalien (z. B. Begräbnisfeier, Segnungsfeiern),
- die Tagzeitenliturgie,
- die Wort-Gottes-Feier ...

Nicht in allen Gottesdienstformen treten die oben beschriebenen Elemente deutlich zutage. So ist etwa bei „Gebetsgottesdiensten“ (Andacht, Rosenkranz, Kreuzweg ...) die Verkündigung eher indirekt enthalten.

Liturgie ist auf den ganzen Menschen ausgerichtet, all seine Sinne werden angesprochen. Stets hat sich die Liturgie aller Kunstformen bedient, die den Menschen über sich hinaus wachsen lassen: Architektur, Bildhauerei, Malerei, Textilgestaltung, Musik, Literatur, Tanz, Theater ... Dadurch ist sie selbst zur Kunstform geworden: eine Summe der Künste, mit der wir unseren Glauben feiern.

Auch neue Kunstformen (Film, Lichtinstallationen ...) können daher selbstverständlich ihren Platz in der Liturgie finden.

Hintergrund

Es ist beachtlich, wie viele Menschen sich Sonntag für Sonntag in unseren Kirchen zum Gottesdienst versammeln. Andererseits gibt es viele Menschen, die nur selten Liturgie mitfeiern, etwa an Weihnachten oder bei der Taufe ihres Kindes. Zahlreiche Zeitgenossen haben dem Gottesdienst völlig den Rücken gekehrt. Aber auch viele Mitfeiernde haben ihre Probleme mit der Liturgie und der Art und Weise, wie sie gefeiert wird.

Wer Gottesdienste vorbereitet und leitet, steht vor der Frage: Wie kann ich Liturgie so gestalten, dass die Mitfeiernden sie als Hilfe zum Leben erfahren können? Liturgie sinngemäß und ansprechend gestalten kann aber nur, wer sich im Klaren ist, was Liturgie ihrem Wesen nach ist und welchen Stellenwert sie im kirchlichen Leben hat.

Die Feier der Liturgie gehört zum Grundauftrag der Gemeinschaft der Glaubenden. Die Kirche insgesamt ist ihrem Wesen nach Gemeinschaft (lateinisch *communio*, griechisch *koinonia*), und zwar in einem doppelten Sinn:

- Sie bringt Menschen in Verbindung mit Gott.
- Sie bringt Menschen in Verbindung untereinander.

Sie ist – nach den Worten des Zweiten Vatikanischen Konzils – „gleichsam Sakrament, das heißt Zeichen und Werkzeug für die innigste Vereinigung mit Gott wie für die Einheit der ganzen Menschheit“ (LG 1).

Das gilt ebenso für die einzelne christliche Gemeinde. Die Gemeinden sind ja nicht Bruchstücke, aus denen sich Kirche zusammensetzt. Vielmehr verwirklicht sich Kirche in jeder einzelnen Gemeinde.

Den Auftrag, *communio* in diesem doppelten Sinn zu sein und zu bewirken, vollzieht die Kirche bzw. die Gemeinde in drei wichtigen *Grundvollzügen* oder *Handlungsfeldern*:

- ***diakonia* (Dienst am Menschen)**
  Sie müht sich darum, dass Menschen menschenwürdig leben können und so etwas von dem Gott erahnen, der ein „Liebhaber des Lebens" (Weish 11,26) ist und ihnen „Leben in Fülle" (Joh 10,10) schenken will. Sie hat vor allem die Menschen im Blick, die leiden, in Not sind und auf der Schattenseite des Lebens stehen. Dieser Grundvollzug der *Diakonie* erstreckt sich von der Nachbarschaftshilfe über vielfältige Besuchsdienste und soziale Dienste bis hin zur organisierten Caritas-Arbeit.

- ***martyria* (Verkündigung)**
  Kirche bzw. Gemeinde hat zur Sprache zu bringen, woraus sie lebt und ihre Kraft empfängt. Sie erzählt von dem Gott, der sich in der Geschichte des Volkes Israel und der Geschichte Jesu als ein Gott der Menschen und des Lebens gezeigt hat. Zur *martyria* gehören z. B. die Schriftlesung im Gottesdienst, die Predigt, die Gemeindekatechese, der Religionsunterricht und die vielfältigen Formen der Erwachsenenbildung.

- ***leiturgia* (Gottesdienst)**
  Kirche bzw. Gemeinde lebt nicht nur den Einsatz für den Menschen und bezeugt nicht nur mit Worten die Frohe Botschaft, sondern feiert das Leben und den Gott, der Leben schenkt, auch in vielfältigen gottesdienstlichen Vollzügen.

Diese drei Bereiche stehen nicht isoliert nebeneinander, sondern durchdringen sich gegenseitig. So wird eine Gruppenleiterin in der Erstkommunionvorbereitung nicht nur mit den Kindern über den Glauben reden *(martyria)*, sondern auch mit der Gruppe singen und beten *(leiturgia)* und aufmerksam wahrnehmen, dass ein Kind bedrückt ist und Hilfe braucht *(diakonia)*. Oder: Gottesdienst *(leiturgia)* umfasst meist auch das Element der Verkündigung *(martyria)* und ist nur glaubwürdig, wenn er die Menschen mit ihren Nöten ernst nimmt und zu mitmenschlichem Handeln anregt *(diakonia)*.

Wer Gottesdienste vorbereitet und leitet, tut gut daran, folgende wichtige Wesenselemente der Liturgie im Blick zu behalten:

- **Liturgie ist Begegnung zwischen Gott und Mensch**
  Wir Christen glauben an einen Gott, der sich in der Geschichte Israels und besonders eindeutig in Jesus uns Menschen zugewandt hat. Die Geschichte ist *Heilsgeschichte*, Beziehungsgeschichte zwischen Gott und den Menschen. Unser persönliches Leben ist in diese große Geschichte Gottes mit der Menschheit hineingenommen: unsere Lebensgeschichte eine Geschichte der Beziehung Gottes zu uns. Gott wendet sich uns auf vielfältige Weise zu und wartet auf unsere Antwort. Leben ist Dialog Gottes mit uns und Einübung dieses Dialogs.
  Was für das Leben insgesamt gilt, gilt auch für die Liturgie: Sie hat eine dialogische Struktur. Gottes Zugehen auf uns und unser Zugehen auf Gott sind ineinander verwoben. Gott spricht uns an und wir antworten darauf. Wir suchen Gott und er sucht uns. Wir machen uns auf den Weg zu ihm und entdecken, dass er längst bei uns ist, ohne dass wir uns dessen bewusst waren.

- **Liturgie ist Feier des Lebens**
  Liturgie macht also ausdrücklich, was für unser Leben insgesamt gilt. Daher steht die Liturgie nicht neben dem Leben. Vielmehr hilft sie, das Leben (das persönliche Leben, das Leben der Gemeinde und das Leben der Menschen insgesamt) in den Blick zu nehmen und Gott im Leben zu entdecken. Das setzt voraus, dass das Leben der Feiernden im Gottesdienst zur Sprache kommt. Wer Gottesdienste gestaltet, braucht daher einen Sensus für die Menschen, mit denen er feiert.

- **Liturgie ist gemeinschaftliche Feier**
Wir feiern Gottesdienst nicht als Einzelne, sondern als Gemeinschaft. Beziehung zu Gott (die *vertikale*, senkrechte Dimension) und die Beziehung der Menschen untereinander (die *horizontale*, waagrechte Dimension) dürfen daher nicht gegeneinander ausgespielt werden. Beide haben ihren Platz im Gottesdienst, mehr noch: Sie sind untrennbar ineinander verwoben. Dies hängt mit einem wichtigen Inhalt unseres christlichen Glaubens zusammen: Gott ist uns Menschen in dem Menschen Jesus auf zutiefst menschliche Weise nahegekommen. In gewissem Sinn ist Liturgie immer Feier der Gemeinde. Auch die, die nicht teilnehmen, sind einbezogen, z. B. durch das Gebet der Mitfeiernden für sie. Zugleich hat die Feier der Liturgie eine gemeinschaftsbildende Kraft.

- **Liturgie ist Vergegenwärtigung des Heilsgeschehens**
Gott hat sich in der Geschichte uns Menschen zugewandt. Die israelitische und die christliche Glaubenstradition lebt von der Erinnerung an diese Heilsereignisse. Unsere Gottesdienste sind Erinnerungsfeiern. Mehr noch: Es ist älteste israelitische und christliche Überzeugung, dass wir in unseren Gottesdiensten nicht nur an Vergangenes zurückdenken, sondern dass das vergangene Geschehen in die Gegenwart hereingeholt wird und wir in das Geschehen von damals einbezogen werden. Wir sprechen von einer „Vergegenwärtigung" der Heilsereignisse.

- **Liturgie ist Vorgeschmack des Himmels**
Im Zentrum jeder Messfeier *„stimmen wir ein in den Gesang der Engel und Heiligen, die ohne Ende rufen: Heilig, heilig, heilig ..."* Damit ist Grundlegendes über das Verständnis all unserer Gottesdienste gesagt: Sie beziehen sich stets auf die himmlische Liturgie am Thron Gottes (vgl. Offb 4–5), an der wir auf Erden punktuell teilnehmen und dereinst vollständigen Anteil haben werden. Das heißt auch, dass Liturgie zunächst nicht Menschen-, sondern Gotteswerk ist.

- **Liturgie ist Feier des Wortes Gottes**
  Die Deutung der geschichtlichen Ereignisse als Heilsgeschichte finden wir in den Texten der alt- und neutestamentlichen Bücher. Sie sind unsere grundlegenden und maßgebenden Glaubenszeugnisse. Deshalb gehört die Lesung von biblischen Texten zu jeder Form der Liturgie. Dort, wo biblische Texte ihren Platz haben, sind sie deshalb nicht ohne Weiteres durch andere Texte ersetzbar.

Liturgie ist Sache der ganzen Gemeinde, nicht allein Sache des Priesters (oder eines anderen Gottesdienstleiters). Die Anwesenden sind nicht nur Zuschauer und Zuhörer, sondern sie sind Mitfeiernde.

Das Zweite Vatikanische Konzil spricht von der *participatio actuosa* (tätigen Teilnahme) aller. Damit ist zunächst die innere, seelische Beteiligung gemeint. Sie braucht aber auch den leibhaftigen, sichtbaren und spürbaren Ausdruck, z. B.
- das Sprechen von Gebeten und Antworten,
- das Singen,
- Körperhaltungen (Sitzen, Stehen ...),
- Gebärden und Gesten (Kreuzzeichen, Verneigung, Kniebeuge, Herbeibringen der Gaben ...),
- das Ausüben bestimmter Dienste,
- das Mitwirken bei der Vorbereitung liturgischer Feiern.

Grundform

Jede liturgische Feier besteht aus mehreren Teilen, die die *katabatische* (absteigende) und *anabatische* (aufsteigende) Dimension der Beziehung zwischen Gott und Mensch sinnenfällig erfahrbar werden lassen.

Die Struktur einer Liturgiefeier umfasst normalerweise vier Teile:

- **Eröffnung**
  Sie holt die Mitfeiernden aus ihrem Alltag ab und stimmt sie auf das Folgende ein. Eine Einstimmung ist in unserer Zeit besonders wichtig, weil die Menschen heute zahllosen Reizen ausgesetzt sind und sich schwertun, zu sich zu kommen und bei etwas zu verweilen.

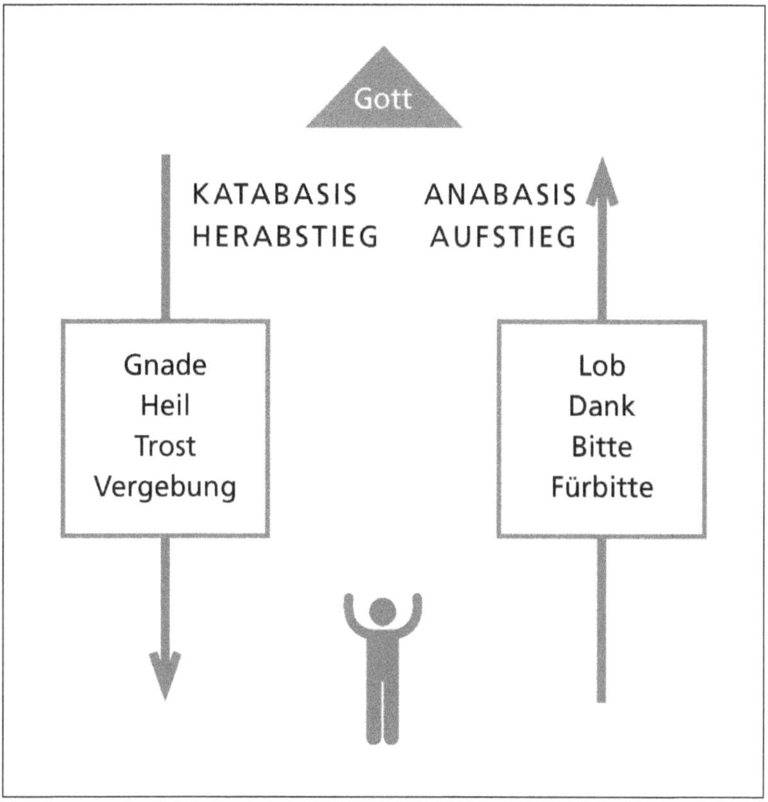

- **Verkündigung des Wortes Gottes**
  In den Lesungen wird Gottes Wort verkündet. Der „Tisch des Wortes“ wird bereitet und der Reichtum der Schrift erschlossen (WGF 24). Schwerpunkt liegt auf dem Hören des Wortes Gottes. Der Mensch empfängt als Hörer das Wort, welches in den verschiedenen Lesungen aus dem Alten und Neuen Testament lebendig ist (katabatische Linie).

- **Antwort der Gemeinde**
  Auf den Zuspruch Gottes reagiert die Gottesdienstversammlung durch verschiedene Elemente des Besinnens, des Lobens, des Dankens, der Bitte oder des Segens (anabatische Linie).

- **Abschluss**
  Er schlägt die Brücke zum Alltag und sendet die Feiernden in die Bewährung im Leben hinein.

Fragt man nicht nach der Struktur, sondern nach den Inhalten, ergibt sich der Dreiklang von
- Verkündigung,
- Meditation,
- Antwort.

Der Aufbau eines Gottesdienstes greift im Detail einerseits oft auf *geprägte Formen* zurück und beinhaltet andererseits *rituelle Höhepunkte*.

Gestaltung

Die Gestaltungselemente liturgischer Feiern sind
- Wort und Gesang,
- Zeichen und Handlung.

Durch sie wird der ganze Mensch angesprochen:
- sein **Verstand** (was gesagt wird, muss in sich stimmig sein),
- sein **Gefühl** (es soll so gefeiert werden, dass etwas zu Herzen geht),
- sein **Leib** (Liturgie ist eine Feier mit allen Sinnen).

Darüber hinaus sind die Dimensionen zu bedenken, in denen sich Liturgie konkretisiert:

- **Sinne und Bewegung**
  Sehen: Das Auge wird einbezogen durch das Verfolgen der Handlungen. Aber auch durch die Architektur des Raums, seine Gestaltung und Beleuchtung, durch Gewänder, Bilder, liturgische Geräte ... entsteht ein optischer Reiz.
  Hören: Das Ohr wird angesprochen durch den Vortrag von Texten (Lesungen, Gebete ...), aber auch durch Gesang, Musik, Glocken ...
  Riechen: Hier ist vor allem an die Verwendung von Weihrauch und Öl zu denken.
  Schmecken: Der Geschmackssinn ist in der Eucharistiefeier

berücksichtigt (Essen und Trinken). Leider wird die Kommunion allzu oft auf den Empfang der Hostie beschränkt. Zu denken wäre ferner auch bei den Segensfeiern etwa an das Trinken des Johannisweins.

Berühren: Der Tastsinn wird einbezogen etwa beim Empfang der Handkommunion, beim Bekreuzigen mit Weihwasser oder beim Friedensgruß.

Gebärden werden meist optisch wahrgenommen. Oft werden sie durch Begleitworte auch akustisch wirksam. Man unterscheidet **Ausdrucksgebärden** (Gebetsgesten, Verneigungen zum Zeichen der Verehrung, Tanz ...) und **Handlungsgebärden** (Erheben von Brot und Wein, Übergießen mit Taufwasser, Prozessionen ...).

- **Ort und Raum**

Der (Kirchen-)Raum hat schon aufgrund seiner im Unterschied zu Wohnräumen große Höhe und Weite eine besondere Wirkung. Mit seiner (kirchenjahresbezogenen) Ausstattung (Bilder, Geräte, Gewänder, Beleuchtung, Schmuck ...) lassen sich besondere Akzente setzen.

In welcher **Form** die Gemeinde sich versammelt (Gegenüber, Kreis, offener Ring, Communio-Stellung ...) und wie die liturgischen **Handlungsorte** (Leitungs-, Verkündigungs- und Gebetsort) angeordnet sind, hat einen nicht unerheblichen Einfluss auf den Gottesdienst (↗ Abb. S. 45).

Auch der **Zeitansatz** (Morgenfrühe, Nacht ...) prägt die Atmosphäre.

- **Fest und Form**

Der Anlass eines Gottesdienstes (Dank, Besinnung, Buße, Abschied ...) entscheidet mit über seine Form. Nicht jede Gottesdienstform ist für jeden Anlass geeignet.

Auch das Kirchenjahr gibt Grundtendenzen vor, wie liturgische Feiern wahrgenommen werden.

1.1 Sprache und Musik

Seit dem Zweiten Vatikanischen Konzil hat die Volkssprache das in der Liturgie jahrhundertelang verwendete Latein verdrängt. Bei einzelnen Elementen haben sich jedoch auch die Ursprachen des Christentums erhalten, z. B. beim hebräisch-aramäischen *Amen* oder dem griechischen *Kyrie*. Auch das Kirchenlatein lebt in vielen Begriffen der Liturgie (*Sanctus, Magnificat* ...) oder Gebeten (*Te Deum, Salve regina* ...) fort.

Durch die Volkssprache ist in der Liturgie vieles dem Wortsinn nach verständlicher geworden. Doch sind damit nicht alle Verständnisbarrieren beseitigt. Denn auch die volkssprachliche Liturgie besitzt ein besonderes, von der Alltagssprache unterscheidbares Sprachniveau – vor allem dort, wo es um die direkte, feierliche Anrede Gottes im öffentlich vorgetragenen Gebet geht. Die Sprache soll sich an der Gemeinde orientieren, ohne aber dabei zu flach und gewöhnlich zu werden.

Grundsätzlich richtet sich die Sprechweise nach den verschiedenen Sprechakten:
- Gebet,
- Verkündigung,
- Anrede, Predigt,
- Kommentar, Information.

Bei Wort-Gottes-Feiern ist gut darauf zu achten, dass sie nicht zu wortlastig werden. Es empfiehlt sich daher, verstärkt auf die rituelle Gestalt der Feier zu achten und genau zu überlegen, was, von wem, wo und wie gesprochen werden muss. Auch wenn die Dimension der Verkündigung zum Gottesdienst gehört, so ist Gottesdienst doch keineswegs Unterweisung, Belehrung oder Erklärung, sondern Feier. Alle unterweisenden und erklärenden Elemente haben stets eine dienende Funktion. Zeichenhandlungen, Gesten und Gebärden können der Wortlastigkeit entgegenwirken.

Zu allen Zeiten war Musik fester Bestandteil von Gottesdienst. Sie hat dabei in der Regel eine dienende Funktion. Liturgische Musik ist stets wortgebunden. Melodie, Rhythmus und Instrumentierung unterstützen die Aussage des jeweiligen Textes. Beispielhaft hierfür ist die *Gregorianik*, die ein einzigartiges Wort-Ton-Verhältnis für die lateinische Liturgie entwickelte. Dennoch hat sich die Kirche nie auf einen einzigen Musikstil festgelegt.

Von den oben genannten Sprechakten können Gebete und biblische Lesungen traditionell kantilliert werden (auf einfache Melodiemodelle gesungen). Dies hebt die verwendeten Worte auf ein anderes Sprachniveau und dient der Unterscheidung.

Auch sonst ist das gesungene Wort fester Bestandteil all unserer Gottesdienste: Psalmen, Hymnen und Lieder werden gemeinsam oder im Wechsel gesungen.

Aber auch Musik, die keine direkte Beziehung zu Worten hat, kann im Gottesdienst ihren Platz haben:
- sie begleitet bestimmte Handlungen,
- sie führt in die Besinnung,
- sie steigert die Festesfreude.

1.2 Liturgische Bücher

Gottes Wort ist uns in der Bibel überliefert. Deshalb ist sie das grundlegende liturgische Buch und ein zentraler theologischer Ort des Christentums. In jeder Liturgie wird Gottes Wort verkündet und bewirkt in und durch die Feier das Heil der Menschen (vgl. Jes 55,10f.; Joh 1,1–5).

- Im Verlauf der Kirchengeschichte wurden Teilausgaben der Schrift (Evangeliar, Lektionar, Psalter) erstellt. Das **Evangeliar** ist meist besonders aufwändig dekoriert, weil es als Symbol Christi verstanden wird, der selbst Gottes Wort (*Logos*) ist. Ihm wird besondere Verehrung entgegengebracht.
- Auch die Verwendung einer vollständigen **Bibelausgabe**, aus der sämtliche biblischen Lesungen verkündet werden, ist eine Möglichkeit. Dadurch wird die Einheit der Schrift zum Ausdruck gebracht.

Bücher, die die Liturgie regeln (Messbuch, Stundenbuch ...) können Zeichen dafür sein, dass die ganze Kirche mit einer Stimme gemeinsam betet.

Die Bezeichnung *Rollenbücher* differenziert darüber hinaus die unmittelbar für eine Handlungsrolle in der Liturgie zur Verfügung stehenden Ausgaben (Evangeliar, Psalterium, Antiphonale, Gebet- und Gesangbuch, Orgelbuch ...).

Eigene Texte sollten sich in einem ästhetisch schönen Ringbuch oder einer Mappe befinden.

1.3 Handlungsorte

Alle Orte im Raum (und darüber hinaus) können gottesdienstlichen Vollzügen dienen. Der liturgische Raum an sich ist ein solcher Ort. In der Interaktion mit Menschen werden Räume und Orte mit bestimmten Bedeutungen belegt. Diese nennen wir in der Liturgie *Funktions-* bzw. *Handlungsorte*.

Bei der Zuweisung von Funktionen an bestimmte Orte sind die Bedingungen des Raumes einzubeziehen. Beispielsweise ergeben sich natürliche Richtungen (oben/unten, vorne/hinten, rechts/links), aus der Wahrnehmung, aber auch aus der Architektur des Raumes. Auch seine Einrichtung und Gestaltung (z. B. Lichteinfall) spielen dabei eine Rolle.

Die wichtigsten liturgischen Handlungsorte sind:
- Leitung (Leitungsort/Sitz),
- Verkündigung (Ambo),
- Gebet,
- Eucharistie (Altar),
- Antwort (Kirchenschiff),
- Verehrung (Tabernakel, Ort des Buches),
- Andacht (Bilder, Figuren),
- Taufe (Taufbecken),
- Umkehr, Buße (Beichtstuhl).

Manche Orte können mehrere Funktionen erfüllen, je nach Art der gefeierten Liturgie.

Die Anordnung der Handlungsorte und der Gemeinde hat einen nicht unerheblichen Einfluss auf die gefeierte Liturgie und das ihr zugrunde liegende Kirchenbild (↗ Abb. S. 45).

1.4 Gesten und Haltungen

Der Mensch kommuniziert nicht nur mit Worten, sondern auch mit seinem Leib. Mit Gesten unterstreichen wir unser Sprechen (z. B. Kreuzzeichen). Durch Haltungen bringen wir Grundsätzliches zum Ausdruck (z. B. Stehen). Gesten und Haltungen wirken weit unmittelbarer auf unser Gegenüber als Worte. Sie erzeugen umgekehrt aber auch Wirk-lichkeit für die, die sie vollziehen bzw. einnehmen. Sie haben damit Bedeutung für das Innere wie das Äußere.

Bei der Feier der Liturgie gibt es natürliche Haltungen, die der Person des Liturgen entspringen und Haltungen, die bestimmten liturgischen Funktionen entsprechen. Haltungen müssen daher zum Teil eingeübt sein und sollen trotzdem zur eigenen Person passen. Auch müssen sie stimmig sein in Bezug auf den Raum, die Gruppe und die jeweilige Handlung. Sie sollten weder übertrieben wirken noch halbherzig oder gar (aus Bequemlichkeit oder Unsicherheit) unterbleiben.

Im Idealfall stimmen innere und äußere Haltung, stimmen Geste und gesprochenes Wort überein. Dann wirken Liturginnen überzeugend, glaubwürdig, authentisch.

- **Stehen**
  Das aufrechte Stehen ist die Haltung des erlösten Menschen und daher die liturgische Grundhaltung.
  Im Stehen bringt der Mensch seinen Stand im Glauben zum Ausdruck. Das Stehen, mehr noch das Sich-Erheben, kann Ehrfurcht und Freude ausdrücken.

- **Gehen**
  Im Gehen wird das „Auf-dem-Weg-Sein" des Menschen und des Volkes Gottes deutlich. In der Liturgie findet es seine Entsprechung in Prozessionen und im bewussten Zugehen auf einen besonderen Ort oder einen Mitfeiernden (z. B. bei der Evangelienprozession oder beim Friedensgruß).

- **Sitzen**

  Beim Sitzen kommt der Mensch zur Ruhe und damit zu seinem Inneren. Es ist die Haltung des Zuhörens und der Betrachtung. Im Sitzen kann der Mensch Erlebtes und Gehörtes „sich setzen lassen“.

- **Knien, Niederwerfen**

  Wer das Knie beugt, sich hinkniet oder niederwirft, macht sich klein, zeigt Ehrfurcht und anerkennt die Autorität eines Höhergestellten. Gleichzeitig sind diese Haltungen auch Ausdruck für besonders inständiges Beten.

- **Verneigen**

  Die verschiedenen Formen des Verneigens sind Ausdruck von Kommunikation und Respekt. Während das Neigen des Kopfes mehr mit Begrüßung oder Verabschiedung zusammenhängt (z.B. beim Betreten oder Verlassen des Altarraumes) gilt die Neigung des Oberkörpers als Zeichen der Ehrfurcht.

- **Hände falten**

  Die gefalteten Hände sind Zeichen persönlichen – oder, wenn alle Mitfeiernden diese Haltung einnehmen – gemeinschaftlichen Betens. Während die Geste der zusammengelegten Handflächen aus dem mittelalterlichen Lehenswesen stammt und vor allem Treue und Vertrauen ausdrückt, sind die verschränkten Finger ein Zeichen innerer Sammlung. Die Hände sind das „Hauptwerkzeug der Körpersprache“. In ihnen „mani-festiert“ sich innere Haltung.

- **Hände ausbreiten**

  Die ausgebreiteten und erhobenen Arme signalisieren Offenheit und Empfangsbereitschaft. Die *Orantenhaltung* ist seit jeher *die* Gebetsgeste schlechthin. Sie symbolisiert das Aufsteigen des Gebets und die flehentliche Bitte.

  Als Segensgeste werden die Arme über die zu Segnenden ausgebreitet. Sie ist aus der Handauflegung (auf Kopf oder Schulter) entwickelt.

- **Kreuzzeichen**
  Beim großen Kreuzzeichen wird die flache Hand von der Stirn zur Körpermitte und von der linken zur rechten Schulter geführt. Das meist dazu gesprochene trinitarische Begleitwort erinnert an die Taufe auf den Namen des Vaters, des Sohnes und des Heiligen Geistes.
  Beim kleinen Kreuzzeichen bezeichnet man mit dem Daumen ein Kreuz auf Stirn, Mund und Brust. Im Kontext des Evangliums meint die Geste, dass das Wort Gottes Verstand, Mund und Herz erfülle.
  Die Bezeichnung mit dem Kreuz von Personen und Dingen ist außerdem ein typischer Segensgestus.

- **Umarmung**
  Aus der gemeinsamen Gebetsgeste, der Orantenhaltung, entsteht nach dem Gebet und dem Einander-Zuwenden organisch die Umarmung, die die Gemeinschaft im Gebet auch leiblich ausdrückt. Auch das Reichen der Hände gehört zu diesem Bedeutungsfeld.

- **Kuss**
  Der Kuss kann ähnlich wie die Umarmung Gemeinschaft ausdrücken, ist aber auch ein traditionelles Zeichen der Verehrung.

- **Schlagen an die Brust**
  Die Geste ist Ausdruck einer Selbstbezichtigung: Ich fühle mich schuldig. Entsprechend findet sie sich bei verschiedenen Bußriten.

Neben den traditionellen Haltungen und Gesten – die teils Urmenschliches zum Ausdruck bringen, teils nur im religiösen oder gar konfessionellen Kontext verständlich sind – gibt es stärker sprachbezogene Gestik und Mimik, die intensiv durch die Person der Redenden beeinflusst sind und die seine Präsenz erlebbar machen.

Haltungen fördern die Bewusstheit des eigenen liturgischen Tuns und haben eine direkte Rückwirkung auf die Gemeinde. Sie sind Zeichen „eines Herzens und eines Sinnes“.

1.5 Liturgische Kleidung

Das Taufkleid ist Zeichen der Erlösung durch Tod und Auferstehung Christi. Es ist das gemeinsame Gewand aller Christen, die – wie der Apostel sagt – Christus angezogen haben (Gal 3,27). Entsprechend wird es als *Albe* (lat. *albus* – *weiß*) auch von allen liturgischen Diensten (oft auch nur als Untergewand) getragen.

Davon zu unterscheiden ist die *Chorkleidung* (getragen beim Dienst im *Chorraum*), bei der über der meist schwarzen Soutane ein halblanges Chorhemd getragen wird. Häufig begegnet diese Form noch als Ministrantenkleidung.

Über der Albe (oder der Chorkleidung) kann noch eine Oberbekleidung getragen werden. Bei der Messfeier benutzen Priester die *Casel*, Diakone die *Dalmatik*. Bei nichteucharistischen Gottesdiensten können alle Dienstträger ein *Pluviale* (wörtl. *Regenmantel, Chor-* oder *Rauchmantel*) tragen.

Diese Gewänder folgen dabei einem liturgischen Farbenkanon, der seit dem Konzil von Trient folgende Farben umfasst:

- **Weiß** ist Farbe der Reinheit, des Lichtes und der Freude. Weiße Gewänder tragen die Heiligen im Himmel, das Gewand Jesu wird bei der Verklärung gleißend weiß. Weiß wird an Weihnachten und Ostern sowie in der Weihnachts- und Osterzeit, an Festen des Herrn, an Gedenktagen von Engeln, von Heiligen, die keine Märtyrer sind, an Marienfesten, an Allerheiligen, an Kathedra Petri, an Pauli Bekehrung, an Johannes der Täufer und Johannes der Evangelist sowie bei Hochzeiten, Taufen, Weihen, an Gründonnerstag und Fronleichnam getragen.

- **Rot** ist die Farbe des Blutes und des Feuers. Das Blut steht für Liebe und Hingabe/Opfer sowie für Leben. Rot wird an Pfingsten, bei Firmungen, an Apostel- und Märtyrerfesten sowie an Palmsonntag, Karfreitag und Kreuzerhöhung getragen.

- **Grün** ist die Farbe der Hoffnung und aufgehenden Saat: Sie wird bei Gottesdiensten im Jahreskreis getragen, wenn keine andere liturgische Farbe vorgesehen ist.
- **Violett** ist aus den gegensätzlichen Farbtönen rot und blau gemischt und verweist auf maßvolles Verhalten, Umkehr und Buße: Sie wird in der Advents- und Fastenzeit, bei besonderen Bitt- und Bußgängen sowie beim Sakrament der Buße getragen.
- **Schwarz** steht für Nacht, Finsternis und Tod. Es ist allgemein die Farbe der Trauer: Sie wird traditionell bei Beerdigungen und Totenmessen sowie an Allerseelen getragen. In jüngster Zeit wurde Schwarz mehr und mehr von Violett verdrängt.

Es wäre wünschenswert, dass die liturgischen Farben sich auch an Gewändern von Gottesdienstbeauftragten abbilden.

2 WORT-GOTTES-FEIER

Erklärung

Unter *Wort-Gottes-Feier* (WGF) verstehen wir einen Gottesdienst, bei dem die Gegenwart Gottes in seinem Wort im Mittelpunkt steht.

In der Wort-Gottes-Feier versammelt sich die Gemeinde, um
- das Wort Gottes in Texten der Heiligen Schrift zu hören,
- sich in dieses Wort zu vertiefen und sich darauf zu besinnen,
- gemeinsam auf das gehörte Wort zu antworten und
- sich senden zu lassen, um dieses Wort im Leben zu verwirklichen.

Häufig wird diese Form der Liturgie als *Wortgottesdienst* bezeichnet. Das ist nicht ganz korrekt: Unter *Wortgottesdienst* versteht man den Teil einer liturgischen Feier, in dem das Hören des Wortes Gottes im Mittelpunkt steht (etwa den Wortgottesdienst-Teil der Messe oder einer anderen sakramentlichen Feier).

Die Form einer eigenständigen Wort-Gottes-Feier ist in ihrer Bedeutung erst im Zweiten Vatikanischen Konzil wieder entdeckt worden. Die Grundstruktur ergibt sich aus den grundlegenden „Baugesetzen" der Liturgie: So beginnt jede liturgische Feier mit einer Eröffnung und endet mit einem Abschluss. Der Hauptteil aus Verkündigung und Antwort weist eine dialogische Struktur auf. Innerhalb dieses Rahmens sind verschiedene Gestaltungsvarianten möglich.

ERÖFFNUNG

Versammlung der Gemeinde – Gesang zur Eröffnung
Kreuzzeichen – Liturgischer Gruß – Einführung
Christusrufe (Kyrie-Litanei)
Eröffnungsgebet

VERKÜNDIGUNG DES WORTES GOTTES

Erste Lesung
Psalm (Gesang)
Zweite Lesung
Ruf vor dem Evangelium
Evangelium
Auslegung und Deutung
Stille

ANTWORT DER GEMEINDE

Antwortelemente:

- Verehrung des Wortes Gottes
- Glaubensbekenntnis
- Taufgedächtnis (Form A)
- Lied
- Schuldbekenntnis und Vergebungsbitte
- Wechselgebet
- Segnungen, die zum Sonn- oder Festtag gehören

Friedenszeichen
Kollekte
Lobpreis und Bitte:
Sonn-(Fest-)täglicher Lobpreis
Hymnus
Fürbitten (Allgemeines Gebet)*
Vaterunser
Loblied/Danklied

ABSCHLUSS

Mitteilungen
Segensbitte
Entlassung
Lied (Abendlied, Morgenlied, Marienlied)

Nachdem der **Eröffnungsteil** die Versammelten auf die Feier eingestimmt hat, steht im **Wortgottesdienst** das Hören auf die Heilige Schrift im Mittelpunkt.

Darauf folgt in der Wort-Gottes-Feier ein zweiter Hauptteil, der als **Antwort der Gemeinde** bezeichnet wird. Wesentliche Elemente dieses Teils sind das Gebet, die Meditation und weitere rituelle Formen der Antwort der Gemeinde.

Danach folgt der **Schlussteil** der Wort-Gottes-Feier.

** Falls die Kommunion ausgeteilt wird, so geschieht dies nach folgender Ordnung:*

AUSTEILUNG UND EMPFANG DER KOMMUNION

Die Fürbitten werden nicht durch eine Überleitung zum Vaterunser, sondern durch eine Doxologie (Lobgebet) abgeschlossen.

Hinweis auf die eucharistische Gemeinschaft
Bereitung des Altares – Übertragung des Allerheiligsten
Stille Anbetung
Vaterunser
Einladung zur Kommunion – Kommunion
Stille – Danklied
Schlussgebet

Es folgt der Abschluss wie oben.

Hintergrund

Nach dem Zweiten Vatikanischen Konzil und vor allem nach der Würzburger Synode wurde im deutschen Sprachraum die Form der Wort-Gottes-Feier als „priesterloser“ Gottesdienst eingeführt, vor allem an den Sonntagen, an denen keine Messe gefeiert werden kann. Ging man in den Anfängen sehr stark vom Mangel an Priestern aus, der diese neue liturgische Form erforderte, so sieht man heute in der Ausprägung und dem kreativen Wachstum der Wort-Gottes-Feiern eine eigene liturgische Form, die in der Kirche unserer Zeit wesentlich zum Vollzug christlicher Gemeinde beiträgt. Somit ist eine Wort-Gottes-Feier in jeder Form Liturgie der Kirche, in der Christus in seinem Wort, in der feiernden Gemeinde und den verschiedenen Symbolen gegenwärtig ist.

Für das Bistum Würzburg hat Bischof Josef Stangl bereits 1978 angeordnet: Wenn keine Messe möglich ist, soll sich die Gemeinde zu einer Wort-Gottes-Feier versammeln. 1985 hat Bischof Paul-Werner Scheele diese Anordnung bekräftigt. Mit der Inkraftsetzung der Richtlinien und Rahmenordnung von 2005 hat Bischof Friedhelm Hofmann die Leitlinien zur Wort-Gottes-Feier für die Diözese Würzburg fortgeschrieben und der aktuellen pastoralen Situation (Wort-Gottes-Feiern an Wochentagen) und der theologischen Entwicklung (Hervorhebung der Christusgegenwart in seinem Wort) entsprechend angepasst. Im Buch „Wort-Gottes-Feier“ von 2004 findet sich der derzeit gültige Ritus für die Bistümer Deutschlands und Österreichs für die Feier der Sonn- und Festtage.

Gerade im Bereich der Wort-Gottes-Feier erleben wir, wie die Liturgie der Kirche kreativ entwickelt und damit als Feier der Gemeinde in ihren jeweiligen Zusammenhängen erfahren wird. Konkret bedeutet das, dass sich eine Vielfalt an liturgischen Formen entwickeln kann, die die Menschen einer Gemeinde in ihren besonderen Lebenssituationen berücksichtigt.

Die sonntägliche Wort-Gottes-Feier und die Eucharistie

Am Sonntag, dem Tag der Auferstehung Jesu, versammelt sich die christliche Gemeinde von Anfang an zur Feier der Eucharistie. Wo sonntags keine Eucharistie stattfinden kann, ist dennoch die Versammlung der konkreten Gemeinde essenziell wichtig. Sie feiert das Paschamysterium dann in anderer Form.

Die Wirklichkeit der Gegenwart des Auferstandenen im Wort der Schrift, die schon immer Grundlage liturgischen Feierns war, wird stärker erkannt und in der Wort-Gottes-Feier deutlich in den Mittelpunkt gestellt. Deshalb lässt auch die Feier des Wortes Gottes in einer konkreten Gemeinde Kirche entstehen (↗ S. 189ff).

Grundform

Grundsätzlich wird zwischen sonn- und wochentäglicher Wort-Gottes-Feier unterschieden, wobei die Variationsmöglichkeiten am Wochentag größer sind. Charakteristikum der sonntäglichen Wort-Gottes-Feier ist der Lobpreis, der in den (*Gloria-*)Hymnus mündet. Anders als die Rollenbücher WGF und VISN unterscheidet das GOTTESLOB nicht zwischen sonn- und wochentäglicher Wort-Gottes-Feier, sondern bietet aus Platzgründen ein Modell, in dem alle Varianten zur Auswahl integriert sind.

Die verschiedenen Formen der Wort-Gottes-Feier werden hauptsächlich durch Schwerpunktsetzung im Verkündigungsteil differenziert (↗ S. 71ff).

Gestaltung

Der vierteilige Aufbau der Wort-Gottes-Feier stellt einen Spannungsbogen dar:

- Die **Eröffnung** dient der Einstimmung der Versammelten und braucht daher eine besonders sorgfältige Gestaltung.
- **Verkündigung des Wortes Gottes** und **Antwort der Gemeinde**, die beiden Hauptteile der Wort-Gottes-Feier, sollen ermöglichen, dass die Mitfeiernden die gehörten Texte auf ihre Lebenserfahrungen hin beziehen.
- Der **Abschluss** öffnet den Blick für den Alltag und sendet in die Welt.

Dieser Spannungsbogen würde z. B. gestört, wenn
- bereits im Eröffnungsteil Schrifttexte erklärt oder Impulse für das alltägliche Leben gegeben würden oder
- im Schlussteil neue Fragestellungen angerissen würden, von denen vorher noch keine Rede war.

Da Wort-Gottes-Feiern leicht zur Wortlastigkeit verleiten können, sollte der Feiercharakter deutlich betont werden. Kirchenschmuck, Gesang, Musik, Zeichenhandlungen wie etwa Besprengung der Gemeinde mit Weihwasser als Tauferinnerung, Evangelienprozession oder ein Weihrauchritus können dazu beitragen.

Grundsätzlich ist die Wort-Gottes-Feier eine eigene liturgische Form, die ihren Wert in sich trägt und nicht mit anderen Formen verbunden werden braucht. Unter besonderen Umständen kann jedoch die Einbeziehung der Tagzeitenliturgie oder einer Kommunionfeier (Kommunion im Rahmen einer Wort-Gottes-Feier) sinnvoll sein.

2.1 Die verschiedenen Dienste bei der Wort-Gottes-Feier

Erklärung

Liturgie lebt von der tätigen Teilnahme aller zum Gottesdienst Versammelten (vgl. SC 14). Für bestimmte Dienste haben sich im Laufe der Liturgiegeschichte unterschiedliche „Rollen" herausgebildet, die von verschiedenen Personen übernommen werden. Für die Wort-Gottes-Feier sind besonders folgende Dienste möglich:

- Leiterin,
- Ministrantinnen,
- Lektorinnen,
- Psalmistinnen, Kantorinnen,
- Organistinnen und andere Musikerinnen (Schola, Chor),
- Kommunionhelferinnen ... (vgl. AEM 65–73)

Mit neuen Aufgaben können auch neue Rollen entwickelt werden.

Um ein fruchtbares Zusammenwirken der verschiedenen Rollen zu erreichen, ist es wichtig, dass alle Beteiligten möglichst frühzeitig über Inhalt und Ablauf des Gottesdienstes informiert sind.

Hintergrund

Liturgie ist Sache der ganzen Gemeinde, nicht allein Sache des Priesters oder einer anderen Gottesdienstleiterin. In den Schriften des Neuen Testaments wird deutlich, wie der Gottesdienst davon lebt, dass viele sich einbringen. So fordert Paulus dazu auf, dass bei den gottesdienstlichen Versammlungen alle etwas beitragen sollen: etwa einen Psalm, eine Lehre oder eine Deutung (1 Kor 14,26).

Im Lauf der Geschichte kam es zu einer Verengung: Die mitfeiernden Gläubigen gerieten in die Rolle bloßer Zuschauer. Erst das Zweite Vatikanische Konzil überwand diese Engführung und betonte: Die „volle und tätige Teilnahme des ganzen Volkes ist bei der Erneuerung und Förderung der heiligen Liturgie aufs stärkste zu beachten ..." (SC 14)

Tätige Teilnahme drückt sich unter anderem dadurch aus, dass Einzelne besondere Aufgaben in der Liturgie übernehmen. Jede Rollenträgerin hat dabei ihre eigene, ihr zukommende Funktion und ihren spezifischen Stellenwert. Jede soll all das und nur das tun, was ihr von der liturgischen Rolle her zukommt (vgl. AEM 58, SC 28). Auch für die Wort-Gottes-Feier gilt: Die Leiterin sollte nicht alle Funktionen an sich ziehen, sondern die Vielfalt der Dienste zur Geltung kommen lassen.

Grundform

Aus den theologischen Grundlagen ergibt sich, dass bei allen liturgischen Feiern möglichst alle Dienste zum Einsatz kommen. Das bedeutet für die Wort-Gottes-Feier, dass auch bei Gottesdiensten im kleinen Kreis die Aufgaben möglichst so verteilt werden, dass viele aktiv an der Feier beteiligt sein können.

Gestaltung

Je nach Art der Feier sollen die verschiedenen Dienste miteinander kooperieren. Grundvoraussetzung dafür ist die gegenseitige Information. Die Gottesdienstbeauftragte muss rechtzeitig wissen, mit welchen Mitwirkenden sie beim Gottesdienst rechnen kann. Umgekehrt sollten diese rechtzeitig erfahren, mit welchen Aufgaben sie konfrontiert werden.

Auch wenn dies idealerweise im Vorfeld des Gottesdienstes geschieht, ist ein rechtzeitiges Erscheinen in der Sakristei für alle Beteiligten unabdingbar.

Hilfreich ist auch, nicht nur praktische Informationen, sondern auch geistliche Hinweise zu geben. So könnte man der Lektorin nicht nur das Lektionar aufschlagen, sondern beim Zeigen der Stelle z. B. kurz erklären: „Paulus will uns heute sagen, dass die Liebe über allem steht." So könnte man die Ministrantin nicht nur bitten, den Weihwasserkessel mitzutragen, sondern z. B. erklären, dass „wir uns heute besonders an unsere Taufe erinnern wollen."

Gerade mit Ministrantinnen lohnen sich auch praktische Übungen im Kirchenraum, um den Ablauf der Wort-Gottes-Feier und zugehörige Bewegungsmuster zu proben.

Auch Organisten sind sicher dankbar für eine Einführung in die Bedeutung der Gesänge im Ablauf des Gottesdienstes und ihren Charakter.

Zu einer guten Sakristeikultur gehört auch ein gemeinsames Vorbereitungsgebet mit allen Beteiligten und ein Moment der Stille vor Beginn des Gottesdienstes – etwa während des Geläutes.

2.2 Dimensionen der Leitungsrolle

Erklärung

Auch wenn verschiedene Aufgaben im Gottesdienst von anderen Rollenträgerinnen übernommen werden, fließen in der Rolle der Leitung immer noch verschiedene Aufgaben zusammen:

verschiedene Sprechakte
- Anrede an Gott (Gebete),
- Anrede an die Gemeinde (Einführung, Einladung, Ansprache ...),
- Verkündigung (bibl. Lesungen),
- Deuteworte zu rituellen Handlungen,
- Informationen geben (Mitteilungen, Liedansagen ...).

verschiedene Handlungsakte
- Regie führen,
- Leiten,
- (Ver-)Sammeln,
- Verkündigen,
- Hören/Empfangen.

Die verschiedenen Aufgaben können durch verschiedene Handlungsorte, Sprechweisen oder Körpersprache unterschieden werden.

Hintergrund

Kraft Taufe und Firmung haben alle Gläubigen Anteil am gemeinsamen Priestertum. Sich mit anderen zum gemeinsamen Gebet und Gottesdienst zu treffen, bedarf also keiner besonderen Beauftragung. Allerdings nimmt in solchen Versammlungen auch niemand eine besondere Leitungsrolle wahr. So ist beispielsweise beim Stundengebet der „Leiter" nur einer unter Gleichen (vgl. AES 258). Gleichwohl ist es ein Gottesdienst der Kirche, der wie alle Gottesdienste unter Leitung des (nicht anwesenden) Bischofs steht.

Um Gottesdienste aktiv im Namen der Kirche zu leiten, bedarf es daher einer bischöflichen Beauftragung, die im Weihesakrament dauerhaft, in der Gottesdienstbeauftragung befristet ausgesprochen wird.

Wie jede Gruppe kommt auch eine Gottesdienstversammlung kaum ohne Leitung aus. Schon die Organisation, das Einladen zur Versammlung, das Eröffnen und Beschließen der Zusammenkunft, ist eine Dimension von Leitung. Hinzu kommen Aufgaben, die die Zusammenkunft strukturieren oder deren Ergebnisse ordnen und zusammenfassen. Auch vertritt die Leitungsperson die Gruppe nach außen. All diese Aufgaben finden sich auch in der Leitungsrolle liturgischer Versammlungen.

Für die Leitung von Gottesdiensten ist es allerdings nicht mit formalen Dingen getan. Entscheidend ist auch die geistliche Präsenz der Vorsteherin. Das hat bereits Bernhard von Clairvaux († 1153) erkannt:

> *„Wenn du weise bist, wirst du dich als Schale, nicht als Rohr erweisen. Das Rohr nimmt fast zur gleichen Zeit auf und ergießt wieder, was es aufgenommen hat; die Schale aber wartet, bis sie voll ist, und gibt so, was überfließt, ohne eigenen Verlust weiter.*
> *Wirklich, Rohre haben wir heute in der Kirche in großer Zahl, aber nur sehr wenige Schalen. So groß ist die Liebe derer, durch die der himmlische Strom zu uns fließt, dass sie eher ergießen als aufnehmen wollen, dass sie bereitwilliger sind zu reden, als zu hören, dass sie schnell zur Hand sind zu lehren, was sie nicht gelernt haben, und danach verlangen, eine führende Stellung zu bekleiden, auch wenn sie nicht verstehen, sich selbst zu lenken.“*

Unerlässlich für alle, die Liturgie leiten, ist es, sich selbst geistliche Leitung zu suchen, Personen, Orte, Zeiten, wo sie auftanken können, damit ihre *Schale* überfließt und sie nicht nur als *Rohr* ausspucken, was oben eingefüllt wird. Auch innerhalb der Liturgie gehört daher das demütige Hören/Empfangen zur Leitungsrolle, in der stets auch Freiräume für das persönliche Gebet eingeschlossen sein sollen.

Grundform

In der Wort-Gottes-Feier gehört unaufgebbar zur Leitungsrolle:

- den Gottesdienst (mit Kreuzzeichen und Gruß) zu eröffnen,
- die Oration im Namen aller zu beten,
- die Antwort der Gemeinde und das Friedenszeichen anzuleiten,
- den sonn- bzw. festtäglichen Lobpreis vorzutragen,
- die Fürbitten ein- und zum Vaterunser überzuleiten,
- Segensbitte und Entlassung zu sprechen.

Weitere Aufgaben können ggf. delegiert werden:

- den Gottesdienst vorbereiten,
- den Gottesdienst mit anderen Rollenträgern absprechen,
- während der Feier „Regie" führen,
- in die Feier (oder einzelne Elemente) einzuführen,
- das Evangelium verkünden,
- die biblische Botschaft auslegen,
- Mitteilungen an die Gemeinde zu machen.

Die Leiterin eines Gottesdienstes wird nicht zuletzt an ihrer liturgischen Kleidung erkannt (↗ S. 25f). Auch ihr primärer Handlungsort spielt als „Ort der Leitung" eine Rolle (↗ S. 21).

Gestaltung

Im Laufe eines Gottesdienstes kann es nötig sein, informierende Ansagen zu machen. Hierbei ist auf den Sprachstil zu achten: *„Erhebet euch!"* klingt anders als *„Wir stehen jetzt auf."* Oft reicht hierfür auch eine wortlose Geste.

Ansagen sind auch Gelegenheiten für geistliche Hinweise: *„Mit Lied Nummer 385 preisen wir die Barmherzigkeit Gottes."* sagt mehr als *„Wir singen jetzt Lied Nummer 385."*

Manchmal hält die Liturgie selbst Deuteworte bereit, etwa bei der Taufe (z. B. zur Übergabe von Taufkleid und Kerze) oder beim Begräbnis (z. B. bei der Besprengung mit Weihwasser). Bei manchen Handlungen kann es sinnvoll sein, selbst solche Deuteworte zu entwickeln. Dabei ist darauf zu achten, dass sie nicht zu weitschweifig werden. In jedem Fall sollten es Begleitworte zur Handlung sein und nicht diese kommentieren: Besser ist z. B. *„Empfange das Licht Christi …"* statt *„Ich überreiche jetzt die brennende Kerze. Das soll ein Zeichen sein für Christus, der das Licht der Welt ist …"*)

Falls besondere Riten eines Kommentars bedürfen, der nicht durch ein innerliturgisches Deutewort gegeben werden kann, ist es besser, diesen einer eigenen Kommentatorin zu überlassen oder ihn im Programmheft des Gottesdienstes abzudrucken.

> *„Liturgische Vollzüge werden sachfremd und sinnwidrig benutzt, wenn sie zu Unterscheidungsmerkmalen zwischen Ordinierten und Nichtordinierten werden. ‚Denn die Liturgie ist als Zeichenhandlung dazu da, mit einer möglichst klaren Feiergestalt den Menschen Heil anzuzeigen und zu vermitteln, nicht aber dazu, Unterschiede in Rang und Würde zu verdeutlichen.' Der vom Bischof beauftragte Vorsteher einer liturgischen Feier sollte auch in vollem Umfang das tun dürfen, was zum Dienst des Vorstehers wesentlich gehört, nämlich als Gegenüber der Gemeinde dieser die Gegenwart und den Segen Christi zusprechen. Es besteht ‚nach den Zusagen Jesu zur ‚unfehlbaren' Erhörung des Bittgebets aller Glaubenden kein Grund, das Sprechen der Epiklese dem Amtsträger vorzubehalten' – ebenso auch die Bezeichnung der Gemeinde mit dem Kreuzzeichen. Als ‚Höhepunkt allen Lobpreises, die Quelle allen Segens und die Ursache aller Gnade', wie es im Benediktionale Nr. 28 formuliert ist, kann darauf nicht verzichtet werden. Der Vorsteher ‚muss auf andere Weise als durch den Verzicht auf das Kreuzzeichen als Laie erkennbar sein' was ohnehin unübersehbar in Form der Kleidung und Insignien geschieht."*

aus: Marion Dürr: Struktur und Gestaltung der Wort-Gottes-Feier an Sonn- und Feiertagen am Beispiel der Rollenbücher für das deutsche Sprachgebiet, Regensburg 2011, 242f, dort auch Quellenangaben für die Zitate.

3 ERÖFFNUNG

Erklärung

Der Eröffnungsteil ist der erste Teil jeder liturgischen Feier. Er sammelt die Gemeinde unter den Augen Gottes und dient der Einstimmung der Versammelten.

Hintergrund

Die Menschen, vor allem aber Gruppen, brauchen zu bestimmten Feiern Hinführungen und Erklärungen, damit sie sich gemeinsam auf das Kommende einstellen können und Alltag und Feier nicht einfach aufeinander prallen.

Außerdem erfordert jeder Gottesdienst einen Spannungsbogen. So kann ein Prozess entstehen, der den Menschen aufbaut und am Ende des Gottesdienstes auch wieder zurückführt in den Alltag. Diesen Prozess löst der Eröffnungsteil aus.

Im Eröffnungsteil wird durch den Ritus des Kreuzzeichens deutlich gemacht, dass es nun um die Gemeinschaft der Menschen untereinander und mit Gott geht. Das Kreuzzeichen ist Sinnbild des Eintritts in das Christentum. Alle Christen sind auf den Namen des dreifaltigen Gottes getauft. Damit stehen sie in unmittelbarer Beziehung zu Gott, dem Grund und Ziel unseres Lebens; sie sind Brüder und Schwestern Jesu; ihm versuchen sie nachzufolgen – getragen und gestärkt im Heiligen Geist. Diese Beziehung zum dreifaltigen Gott versucht jede Liturgiefeier erfahrbar zu machen. So ist die versammelte Gemeinde selbst Kirche Jesu Christi; Christus ist in ihr gegenwärtig. Im *Kyrie* wird Christus als Herr und Mitte der Gemeinde angerufen und deutlich gemacht, in wessen Namen sich die Gemeinde versammelt hat.

Aufgabe des Eröffnungsteils ist es, die Gegenwart Gottes, die des Menschen ganzes Leben umfasst, bewusst zu machen und auf die Feier der Nähe Gottes einzustimmen.

Grundform

▶ WGF 33, 46ff

- Versammlung der Gemeinde
- Gesang zur Eröffnung (während des Einzugs oder danach)
- Kreuzzeichen
- Liturgischer Gruß
- Einführung
- Christusrufe
- Eröffnungsgebet

Gestaltung

Da die Eröffnung das Gelenkstück zwischen alltäglichem Leben und Liturgie ist, bedarf sie einer sorgfältigen, dem Menschen verständlichen Gestaltung. Die Mitfeiernden sollen in ihren Lebensbereichen abgeholt sowie ernst genommen werden und miteinander in Kontakt treten. Nur so kann der Gottesdienst wirklich zur Feier der Gemeinde unter den Augen Gottes werden.

3.1 Versammlung der Gemeinde

Erklärung

Weil Liturgie die Feier des Lebens ist, sind auch die Übergänge von Leben und Liturgie fließend. Deshalb beginnt die Feier der Liturgie nicht erst dann, wenn die Glocke ertönt, die Ministrantinnen einziehen und die Orgel einsetzt, sondern mit dem Sich-Versammeln der Menschen. Das geschieht in der Regel vor dem „offiziellen" Anfang der Liturgie, gehört aber dennoch schon zum Eröffnungsteil eines Gottesdienstes.

In den *Rubriken* (Handlungsanweisungen für die Liturgie, die mit roter Farbe in den liturgischen Büchern stehen; von lat. *ruber – rot*), lesen wir zur Versammlung der Gemeinde: „Die Gemeinde versammelt sich. Darauf tritt der Priester an den Altar. Er wird begleitet von denen, die bei der Messfeier einen besonderen Dienst am Altar oder Ambo versehen ..." (MB 323)

Hintergrund

Der Mensch ist als Geschöpf Gottes auf Gemeinschaft hin erschaffen, weil er so Abbild Gottes in unserer Welt ist (vgl. Gen 1,27). Deshalb suchen die Menschen immer wieder die Gemeinschaft mit anderen in verschiedenen Formen und Gruppen, in denen sie ihr Leben teilen und feiern können. Ein zur Zeit feststellbarer Trend hin zur Vereinzelung widerspricht der Grundsehnsucht des Menschen nach Gemeinschaft. Deshalb ist es wichtig, dass sich Christen immer wieder versammeln, um ihr Leben im Licht Gottes zu deuten und zu feiern.

In der Liturgie ist die Versammlung der Gemeinde der eigentliche Beginn jeder gottesdienstlichen Feier, wie schon Jesus sagt: „Wo zwei oder drei in meinem Namen beisammen sind, da bin ich mitten unter ihnen." (Mt 18,20)

Jesus Christus sammelt die Menschen und führt sie zur Gemeinschaft mit Gott und untereinander (vgl. Joh 17,20–23). Die gottesdienstliche

Versammlung ist Abbild und Vorausbild jener endgültigen Gemeinschaft mit Gott. In ihr kann der Mensch die Fülle des Lebens erfahren, weil er in dieser Gemeinschaft so sein darf, wie er ist. Die Gemeinschaft verbindet die Menschen als Schwestern und Brüder im Glauben untereinander und mit Gott. Sobald sich Gemeinde versammelt, ist Christus gegenwärtig, und die Versammlung als solche ist grundlegende Vergegenwärtigung Christi.

Für die Christen aller Zeiten war es wichtig, sich zu gemeinsamen Feiern des Lebens zu treffen, dabei die Heilsgeschichte Gottes mit den Menschen zu hören und für ihr Leben zu deuten. Nach der Ostererfahrung der Jünger treffen sich diese zu Gebets- und Mahlgottesdiensten, erleben in ihrer Mitte den auferstandenen Christus und geben dieses Zeugnis weiter an die nachfolgenden Generationen. Dieses Zeugnis der frühen Kirche ist auch heute richtungsweisend. Durch die Jahrhunderte hindurch wird der Sonntag als Herrentag gefeiert, indem sich die Gemeinde zur Feier der Eucharistie versammelt.

Gerade die jungen Kirchen in der Welt halten fest an der Gemeindeversammlung am Sonntag, auch wenn hier nicht immer die Eucharistie gefeiert werden kann. Dies kann auch für die Kirche hierzulande Vorbild sein, die Versammlung der Christen am Sonntag wach zu halten, auch wenn unter den derzeitigen Umständen des Priestermangels die Eucharistie nicht mehr regelmäßig gefeiert werden kann.

Grundform

▶ WGF 33, 46

Das Messbuch verweist an vielen Stellen darauf, dass zur Feier der Messe die versammelte Gemeinde eine Grundvoraussetzung ist (vgl. MB 323, AEM 25, 58, 62, 82).

Die Gemeinde versammelt sich um Christus als deren Mitte. Im konkreten Vollzug der Liturgie gelten als Mittelpunkte der Versammlung der Altar und der Ambo. Sie sind Symbole des erhöhten Herrn. (Mittelpunkt ist hier nicht geometrisch zu verstehen, sondern als Mitte des Geschehens.)

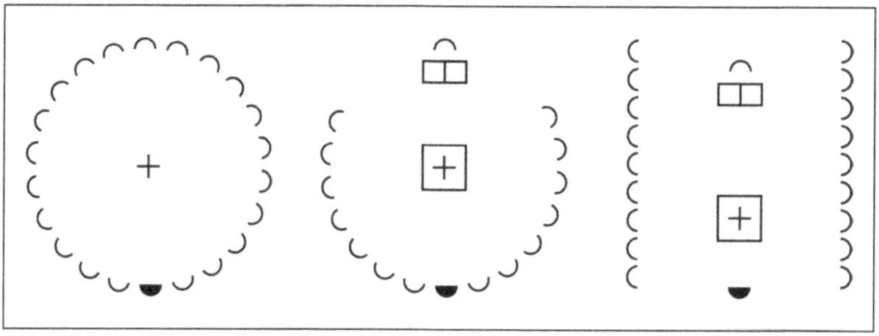

Verschiedene Raumkonzepte: Ring — Offener Ring — Chorgestühl
Im **Ring** konzentrieren sich alle auf eine gemeinsame Mitte. Verkündigungs- und Gebetsrichtung sind nicht unterschieden.
Im **offenen Ring** öffnet sich der Kreis auf die Transzendenz. Von dort kommt Verkündigung, dorthin werden Gebete gesprochen.
Das **Chorgestühl** eignet sich vor allem für nichteucharistische Gottesdienste. Verkündigungs- und Gebetsrichtung werden allenfalls durch die (historische) Architektur des Raumes vorgegeben. Das Chorgestühl ist auch Vorbild für sogenannte **Communio-Räume**.

Die Form der Versammlung richtet sich nach der architektonischen Gestaltung des Kirchenraumes und nach der Größe der versammelten Gemeinde. Dabei kann es sinnvoll sein, dass sich alle Mitfeiernden so nahe wie möglich um die Mitte versammeln und sich dadurch auch als wirkliche Gemeinschaft erfahren können.

Bei der Wort-Gottes-Feier kann sich deshalb die Gemeinde unmittelbar um den Verkündigungsort versammeln, wenn dies von seiner Position und von der Größe der Gemeinde her möglich ist. Der Ambo als Tisch des Wortes trägt die Heilige Schrift und wird so zum Zentrum.

Gestaltung

Im Kirchenraum sind die Möglichkeiten der Versammlung meist durch Bankreihen oder andere Bestuhlung vorgegeben. In besonderen Fällen bieten sich jedoch andere Formen der Versammlung an. Wenn sich z. B. eine kleine Gemeinde am Werktag zu einem Gottesdienst trifft, können sich die Gläubigen um den Ambo oder um ein anderes Zentrum versammeln. Zu empfehlen ist, Verkündigungs- und Gebetsrichtung zu unterscheiden und dafür auch verschiedene Orte zu wählen.

Zur Versammlung sind folgende Punkte wichtig:
- Wahrnehmung des Raumes und seiner Atmosphäre,
- Begrüßung der Mitfeiernden untereinander.

Dies wird zu Beginn der Liturgie nochmals ritualisiert in Einzug und Liturgischem Gruß.

Manche wünschen sich beim Betreten des Gottesdienstraumes Möglichkeiten zum stillen Gebet, andere wollen ein paar Worte mit den Anwesenden wechseln. Welcher Stil des Sich-Versammelns vom Einzelnen als passend empfunden wird, kann sich stark unterscheiden – sowohl äußerlich wie innerlich. Daher sind der gegenseitige Respekt und die Aufmerksamkeit für die anderen wichtig. Auch sollten die notwendigen Vorbereitungen zur Liturgie bereits in einem würdigen Vollzug stattfinden, damit die Anwesenden nicht durch hektische Tätigkeiten gestört werden.

Auch die Kirchenbauten selbst sind in ihren Funktionsbestimmungen ambivalent: Sie können als Versammlungs- oder als Andachtsräume wahrgenommen werden. Auch sind sie architektonisch oft auf die Messfeier hin ausgerichtet und – anders als z. B. Klosterkirchen – oft als Räume für das gemeinsames Gebet weniger geeignet.

Es kann sinnvoll sein, bereits vor Beginn der eigentlichen Liturgie eine Atmosphäre des Gebets und der Sammlung zu erzeugen. Möglichkeiten hierfür sind z. B. meditative Gebete oder Musik.

Zur Versammlung sinnvolle Elemente sind:
- bewusstes Eintreten in den Raum,
- Bekreuzigen mit dem Weihwasser am Eingang,
- Verweilen vor einem Andachtsbild,
- stille Begrüßung der bereits Anwesenden,
- bewusste Platzsuche und äußere Vorbereitungen (z. B. Aufschlagen des Gesangbuchs),
- geistliche Einstimmung (z. B. stilles oder gemeinsames Beten, meditative Musik).

Bei Gruppengottesdiensten außerhalb des Kirchenraumes ist darauf zu achten, dass der Raum so hergerichtet ist, dass sich die Gemeinde darin angemessen versammeln kann.

Da eine Versammlung offiziell einen Anfang und ein Ende haben muss, ist es gut, wenn dies durch die Gottesdienstleiterin oder eine andere Person deutlich gemacht wird, indem die sich versammelnden Gläubigen am Eingang begrüßt werden und so von Anfang an die Gemeinschaft erfahren können.

3.2 Einzugsprozession

Erklärung

„Prozessionen innerhalb der Wort-Gottes-Feier dienen der dramaturgischen Entfaltung", sagt das Rollenbuch und erklärt zur Einzugsprozession: „Alle, die einen besonderen liturgischen Dienst wahrnehmen, ziehen in die Kirche ein, während das Eröffnungslied gesungen wird." (WGF 31)

Hintergrund

Die Einzugsprozession stellt die Versammlung der Gemeinde besonders sinnenfällig dar: Kreuz und Evangeliar werden als Symbole Christi hereingetragen. Alle, die eine Rolle im Gottesdienst haben, ziehen mit ein und stehen für das gegliederte Volk Gottes, das gemäß verschiedener Charismen auch verschiedene Aufgaben wahrnimmt.

Bei der Einzugsprozession und den weiteren Prozessionen der Liturgie erfahren sich die Mitfeiernden zudem als Weggemeinschaft. Sie können sich darin als Verwirklichung der Kirche am jeweiligen Ort erfahren, die ja vom Zweiten Vatikanischen Konzil als „Volk Gottes auf dem Weg" beschrieben wird.

Grundform

▶ WGF 34, 46

Bei der Einzugsprozession kann das Kreuz, begleitet von Kerzen und Weihrauch, an der Spitze des Zuges getragen werden. Hinter den übrigen liturgischen Diensten folgt die Leiterin, die das Evangeliar/Lektionar trägt, welches sie am „Ort des Buches" oder auf dem Altar platziert.

Gestaltung

In der Einzugsprozession sollte bei der Wort-Gottes-Feier in jedem Fall das Wort Gottes in Form der Bibel, des Lektionars oder des Evangeliars mitgeführt werden. Dabei können auch Leuchter Verwendung finden. Das Wort-Gottes-Symbol sollte dann einen herausragenden Platz während des Eröffnungsteils der Liturgie innehaben. Dies kann der Altar oder ein besonderer „Ort des Buches" sein (↗ S. 82).

Während des Einzugs kann Weihrauch als Zeichen der Verehrung Christi mitgeführt werden. Dabei wird das Fass vor dem Kreuz an der Spitze des Zuges oder – wenn dieses fehlt – unmittelbar vor dem Buch getragen. Nach Ankunft der Prozession kann das Buch inzensiert werden.

3.3 Gesang zur Eröffnung

Erklärung

Die Bedeutung von Musik und Gesang für die Konstituierung der Versammlung ist kaum zu überschätzen. Ein gelungenes Eingangslied trägt viel zur Atmosphäre des gesamten Gottesdienstes bei. Es hat eine doppelte Funktion:

- emotionale Einstimmung:
  Sammlung der Gemeinde durch gemeinsames Singen eines möglichst bekannten Liedes oder Wechselgesangs.
- inhaltliche Einstimmung:
  Anklingenlassen des „Themas" des Gottesdienstes. Der Eröffnungsvers des Tages (aus dem Messbuch) kann bei der Auswahl helfen.

Hintergrund

Die Lieder in unseren Gesangbüchern sind poetisch-theologische und musikalische Kunstwerke. Sie bringen den Glauben nicht in dogmatischen Definitionen, sondern mit künstlerischen Mitteln zum Ausdruck. Ihre sprachlich-musikalische Gestalt dringt aus ihrer Entstehungszeit zu uns herüber. Kirchenlieder lassen sich daher auch als Intimgeschichte des Christentums lesen. Sie prägten ganze Generationen, nahmen Einfluss auf Literatur, Musik und persönliches Glaubensleben. Auch heute noch können diese Lieder ihre spirituelle Kraft entfalten.

Auch zeitgenössische Musik oder das Repertoire des *Neuen geistlichen Liedes* (NGL) bietet oft hohe poetische Qualität. Dagegen greift der gregorianische Choral zumeist auf biblische Texte zurück. Seine kunstvollen Melodien schaffen eine besondere Atmosphäre.

Eingangsmusik (Präludium) und Eröffnungsgesang sind die Ouvertüre des Gottesdienstes. Hier sollten bereits Motive der beginnenden Feier anklingen. Die Gemeinde ist dabei aktiv beteiligt durch Hören,

Singen und Schauen und wird auf diese Weise in die Liturgie hineingenommen.

Grundform

▶ WGF 34, 46

Wenn die Gemeinde versammelt ist, beginnt – meist angezeigt durch ein akustisches Signal (Sakristeiglocke) – der Gesang zur Eröffnung. Dabei ist darauf zu achten, dass nach dem Glockenzeichen durchaus ein Atemzug lang Stille herrschen kann und die einzelnen Elemente nicht ineinanderfließen müssen.

Der Einzug kann auch in Stille geschehen oder von einem Wechselgesang begleitet werden.

Gestaltung

Normalerweise ist der Gesang zur Eröffnung ein Prozessionsgesang, der den Einzug begleitet. Es kann daher sehr wirkungsvoll sein, wenn nicht (nur) die versammelte Gemeinde, sondern (auch) die Einziehenden selbst singen. Der Einzug wird dadurch nicht nur optisch, sondern auch akustisch erfahrbar.

Üblicherweise erklingt während des Einzugs Instrumentalmusik. Anders als das gemeinsame Singen eines Liedes, ermöglicht diese Praxis der Gemeinde, den Einzug wenigstens optisch mitzuverfolgen. Der gemeinsame Gesang beginnt dann erst, wenn alle an ihren Plätzen angekommen sind.

Zur Eröffnung eignen sich Gesänge, die den Versammlungscharakter thematisieren und/oder in das Thema des Gottesdienstes einführen. Auch Kyrie-Litaneien oder *Leisen* (Lieder, deren Strophen auf *Kyrieleis* enden) sind hier geeignet. Sie nehmen die Christusrufe, die ansonsten später im Eröffnungsteil folgen, bereits im Eingangslied auf (↗ S. 61).

Die Art der Eröffnungsmusik richtet sich nach dem Charakter des Gottesdienstes. Sie bedarf daher einer sensiblen Gestaltung in enger Absprache zwischen Musikerinnen und Liturgieverantwortlichen.

3.4 Kreuzzeichen

Erklärung

Das Kreuz ist das Symbol für Tod und Auferstehung Christi und somit das zentrale Symbol christlich-anamnetischen Feierns. Deswegen hat es seinen Platz im Eröffnungsteil der meisten Liturgiefeiern. Nicht immer wird aber auch das trinitarische Begleitwort „*Im Namen des Vaters* ...“ verwendet.

Im Vorgang der Sammlung auf das zentrale Geheimnis des Lebens hin, der sich im Eröffnungsteil vollzieht, spielt das Kreuzzeichen eine wichtige Rolle:

Es ruft ins Bewußtsein:
- wir sind versammelt im Namen Jesu, der für uns am Kreuz gestorben ist,
- im Namen des dreifaltigen Gottes sind wir getauft,
- er verbindet uns mit sich und untereinander.

Hintergrund

Das Kreuz beinhaltet den Grund christlichen Glaubens und ist somit ein zentrales Symbol in der Liturgie.

Beim Kreuzzeichen wird deutlich:

- **Liturgie ist Feier des Todes und der Auferstehung Christi**
  In jeder Liturgie verbinden wir uns als Schwestern und Brüder Jesu, gedenken der Heilsgeheimnisse und loben Gott, den Vater, im Heiligen Geist.

- **Gott ist mitten in unserem Leben gegenwärtig**
  Er muss nicht erst mühsam herbeigeholt werden, sondern ist längst da: „In ihm leben wir, bewegen wir uns und sind wir“ (Apg 17,28). Unsere Aufgabe ist es, ihn in unserem Leben zu entdecken.

- **Wir feiern das Geheimnis unseres Lebens**
  In unserem Leben ist Gott auf verborgene Weise anwesend. Dies wird dadurch unterstrichen, dass wir mit dem Kreuzzeichen und im Namen des dreieinigen Gottes beginnen.

- **Gott schaut uns in Liebe an**
  Vor aller Forderung und Weisung kommt seine liebende Zusage: Ich bin bei dir. Daher haben im Gottesdienst nicht Forderungen oder Schuldbekenntnisse das erste Wort, sondern zuerst gilt es ins Bewusstsein zu rufen: Der liebend zugewandte Gott ruft uns zusammen und ruft uns in seine Nähe. Es ist schön, beieinander und bei ihm zu sein.

Grundform

▶ WGF 34, 46

In der katholischen Tradition unterscheiden wir das große und das kleine Kreuzzeichen. Das große Kreuzzeichen wird mit der flachen rechten Hand von Stirn über Brust zu linker und rechter Schulter geführt. Das Kreuz wird gewissermaßen über den ganzen Menschen gezeichnet. Es wird in der Regel begleitet von den Worten *„Im Namen des Vaters und des Sohnes und des Heiligen Geistes“*, kann aber auch in Stille geschehen. Auch bei Segensworten ohne trinitarischen Abschluss bekreuzigt man sich in der großen Form, ebenso im Stundengebet zu Beginn der neutestamentlichen Cantica *Benedictus, Magnificat* und *Nunc dimittis*.

Beim kleinen Kreuzzeichen zeichnet man mit dem Daumen der rechten Hand ein kleines Kreuz auf die Stirn, die Lippen und die Brust. Diese (ältere) Art der Bekreuzigung hat sich am Beginn der Evangeliumsverkündung und zum Eröffnungswort der Tagzeitenliturgie (*„Herr, öffne meine Lippen“*) erhalten (hier nur auf die Lippen). Ein Kreuzchen auf die Stirn zu machen ist außerdem der typische Segensgestus zwischen Eltern und Kindern.

Gestaltung

Das Kreuzzeichen markiert einen wichtigen Punkt innerhalb der Liturgie, ist aber nicht ihr Beginn (↗ S. 43ff). Deshalb ist es am besten, wenn man das Kreuzzeichen zusammen mit der Gemeinde ohne weitere Einleitung vollzieht. Nicht sinnvoll ist der Vorsatz: „*Wir beginnen im Namen des Vaters ... / Wir beginnen im Zeichen des Kreuzes ...*", da die Liturgie zu diesem Zeitpunkt längst begonnen hat.

Das Kreuzzeichen kann durch die Worte „*Im Namen des Vaters ...*" begleitet werden oder auch in Stille geschehen.

Auch der Hinweis auf ein Kreuz im liturgischen Raum oder das bewusste Ausbreiten der Arme können Formen des Kreuzzeichens sein.

3.5 Liturgischer Gruß

Erklärung

Ein liturgischer Gruß ist von einem profanen *„Guten Tag"* zu unterscheiden. Der typische liturgische Gruß *„Der Herr sei mit euch"* ist traditionell den geweihten Amtsträgern vorbehalten (allein der Bischof sagt *„Der Friede sei mit euch"*), da die Antwort *„Und mit deinem Geiste"* nach gängigem Verständnis auf den bei der Weihe empfangenen Geist anspielt (↗ S. 39).

In der Wort-Gottes-Feier werden daher andere Grußformeln gebraucht, die entweder mit *„Amen"* beantwortet werden oder in der Form eines *Versikels* (kleiner Vers) aus zwei kurzen Rufen bestehen.

Hintergrund

Der liturgische Gruß ist eines der ursprünglichsten Elemente des Eröffnungsteils. Augustinus († 430) beispielsweise begrüßt nach Einzug und Niederwerfen vor dem Altar die Gemeinde mit dem Ruf *„Friede* bzw. *der Herr sei mit euch!"*. Dann spricht er ein Gebet und sogleich beginnt der Wortgottesdienst (so noch in der Karfreitagsliturgie).

Der Ursprung dieser Grußformel liegt in der Bibel. Der Engel grüßt Maria mit den Worten „Der Herr ist mit dir" (Lk 1,28) und der Auferstandene ruft seinen Jüngern zu „Der Friede sei mit euch" (Joh 20,19). Noch heute grüßt man alltäglich im arabischen Orient mit „as-Salamu alaikum" („Der Frieden auf Euch!").

Auch die Antwortformel *„Und mit deinem Geiste"* trägt unverkennbar semitische Züge, hat biblische Vorbilder (2 Tim 4,22; Phlm 25) und ist seit der Frühzeit des Christentums belegt.

Gruß und Antwort sind wie stets in der Bibel auch ein Segenswort. Daher haben sich alternative Grußformeln an dieser Tradition messen zu lassen.

In der Eröffnungsphase jedes Gottesdienstes wird Gottes Gegenwart auf verschiedene Weise in die Erfahrung der versammelten Gemeinde gebracht, z. B. durch Symbole wie Kreuz, Evangeliar oder Osterkerze. Der liturgische Gruß bedient sich dagegen der Dimension menschlicher Worte.

Grundform

▶ WGF 34, 46

Der liturgische Gruß ist ein formelhafter Gruß, den die Gemeinde gemeinsam beantworten kann. In den Rollenbüchern sind verschieden gestaltete Begrüßungsformeln enthalten.

Gestaltung

Der liturgische Gruß kann gesprochen oder gesungen werden. In ihm soll auf jeden Fall die Feierlichkeit und Freude der Liturgie zum Ausdruck kommen.

Neben den üblichen Begrüßungsformeln sind auch andere möglich. Die Antworten müssen dann mit der Gemeinde eingeübt werden und können eine Anleitung zu moderner Liturgiesprache sein.

> *Unser Herr Jesus Christus kommt uns jetzt in seinem Wort entgegen und ist mitten unter uns.*
> *A: (Ja,) Er ist mitten unter uns.*

oder:

> *Gnade und Friede von Gott, unserem Vater, und die Gemeinschaft mit Jesus Christus im Heiligen Geist werde in diesem Gottesdienst spürbar.*
> *A: Das hoffen wir.*

3.6 Einführung in die Liturgie

Erklärung

Ein Einführungswort in die liturgische Feier ist hierzulande üblich, aber in keiner Weise vorgeschrieben. Im Rahmen einer Kann-Bestimmung schärft das Messbuch ein, dass die Einführung mit „kürzesten Worten“ geschehen soll (vgl. AEM 86). Zwei bis drei Sätze können ausreichen.

Die Einführung sollte – auch atmosphärisch – eine Verbindung zwischen dem Vorangegangenen (Gesang, Kreuzzeichen, Grußformel) und dem Nachfolgenden (Christusrufe, Gebet) herstellen. Wichtig ist, dass die wenigen einführenden Worte den Spannungsbogen der Eröffnung nicht unterbrechen.

Gleichwohl kann die Einführung die Situation aufgreifen, in der die Mitfeiernden gerade stehen, und ihre Gefühls- und Stimmungslage zum Ausdruck bringen.

Hintergrund

Gott spricht auch in unserer Zeit noch durch Menschen sein Wort in die Welt. Dies kann anfanghaft in dieser Phase des Gottesdienstes geschehen, indem die Gottesdienstbeauftragte die Rede von Gott in eine Sprache bringt, die von der mitfeiernden Gemeinde gut verstanden werden kann.

Wer als Leiterin eines Gottesdienstes die Mitfeiernden in den Gottesdienst einstimmen und sie auf Gottes Gegenwart in ihrem Leben aufmerksam machen will, wird bemerken: Die Mitfeiernden sind von sehr unterschiedlichen Richtungen her „abzuholen“. Die Beweggründe, aus denen heraus Menschen einen Gottesdienst mitfeiern, sind sehr verschieden. Sie reichen von bloßer Gewohnheit und Tradition über den Wunsch, auf möglichst einfache Weise seine Christenpflicht zu erfüllen, bis hin zur Sehnsucht, etwas von Gottes heilender und befreiender Nähe zu erleben und dadurch Kraft für die kommende Woche zu erhalten. Wer in einen Gottesdienst einführt, tut gut daran, sich der Unterschiedlichkeit der Menschen, die mitfeiern, und ihrer Ausgangspunkte bewusst zu werden.

Grundform

▶ WGF 34, 47f

In die Feier einzuführen ist natürliche Aufgabe der Leitung. Aber in besonderen Fällen kann dies auch eine andere Mitwirkende übernehmen.

Die Einführung soll das Thema des Gottesdienstes anklingen lassen und den Blick der versammelten Gemeinde auf den in ihrer Mitte gegenwärtigen Herrn lenken.

Sie soll sehr kurz sein (im lateinischen Messbuch steht „brevissimis verbis", vgl. AEM 86) und noch keine Inhaltsangabe der Lesungstexte oder eine Heiligenbiographie enthalten.

Der Grundton sollte nicht	**sondern vielmehr**
drohend	einladend („*es ist schön, dass Sie da sind und wir zusammen feiern*")
warnend	abholend
moralisierend	Beziehung stiftend
ein schlechtes Gewissen weckend	einstimmend
fordernd	wohlwollend
zum konkreten Tun im Alltag anregend (das gehört in die Auslegung des Evangeliums oder in den Schlussteil!)	wertschätzend
vorschreibend	Vertrauen weckend
	hinführend

sein.

Gestaltung

Beispiele:

„Wir haben uns versammelt, um Gottes befreiendes Wort zu hören und seine liebende Nähe zu erfahren. Er ist jetzt in unserer Mitte. Ihn begrüßen wir: Kyrie eleison ...“

- Verallgemeinerungen sind nicht angemessen:
  „Wir alle schauen heute Abend mit Sorge und Angst in die Zukunft.“
  Sinnvoller wäre:
  „Manche von uns werden heute Abend mit ruhiger Gelassenheit in die Zukunft schauen, andere vielleicht mit freudiger Zuversicht, manche aber auch mit Sorge und Angst.“

- Vereinnahmungen können Abwehr auslösen:
  „Sind wir nicht alle unseren Mitmenschen in der letzten Zeit vieles schuldig geblieben?“
  Sinnvoller wäre:
  „Manche von uns werden den Eindruck haben: Ich habe mich viel zu sehr von anderen beanspruchen, ja ausnützen lassen. Anderen wiederum mag die Frage kommen: Bin ich den Menschen um mich herum nicht vieles schuldig geblieben?“

- Unterstellungen sind problematisch:
  „Geben wir es doch zu: ...“
  „Wenn wir ehrlich wären, müssten wir sagen: ...“

3.7 Christus-Rufe (Kyrie-Litanei)

Erklärung

Das Kyrie ist eine feststehende Akklamation (Ruf), die Christus als den Herrn seiner Gemeinde anspricht und verherrlicht. Es ist der Gruß, den die versammelte Gemeinde dem in ihrer Mitte gegenwärtigen Herrn entbietet. Das Kyrie ist stets auf Christus konzentriert (christologisch) und ist nicht auf die Dreifaltigkeit bezogen (trinitarisch) zu verstehen. Es hat eröffnenden Charakter und kann auch im Rahmen des Einzugs verwendet werden (↗ S. 50f).

Das Kyrie sollte in der Wort-Gottes-Feier feierlich (musikalisch) gestaltet werden, damit es als Lob Gottes wahrgenommen wird.

Hintergrund

Das griechische Wort *Kyrios* bedeutet *Herr* (*Kyrie* ist die Anredeform von *Kyrios*).

Der Ruf stammt bereits aus vorchristlicher Zeit und war ursprünglich ein Huldigungsruf, mit dem man den in die Stadt einziehenden Herrscher begrüßte. Man ruft denjenigen um Erbarmen an, von dem man weiß, dass er mächtig genug ist, Erbarmen zu erweisen.

In der griechischen Übersetzung des Alten Testaments wird der Begriff *Kyrios* für den Namen Gottes JHWH benutzt. Die paulinischen Briefe übertragen den Kyrios-Titel auf Christus und machen damit seine Gottheit deutlich (Röm 1,4; 1 Thess 1,1). Das *Kyrie eleison* ist in der lateinischen Liturgie stets unübersetzt geblieben.

Das Kyrie stellt den Menschen Gott gegenüber. Damit kommt der dialogische Charakter der Liturgie zum Ausdruck. Der Mensch bzw. die Gemeinde der Gläubigen antwortet mit Lobpreis auf die erfahrene Zuwendung Gottes. Dabei wird deutlich, dass Gottesdienst immer beide Elemente enthält: die Zuwendung Gottes zum Menschen und die darauf folgende Antwort des Menschen.

Grundform

▶ WGF 35, 48f

Das Kyrie in seiner Reinform besteht aus den Huldigungsrufen an Christus, die im Wechsel gesungen (oder gesprochen) werden. Dabei ist der griechische Urtext einer deutschen Übersetzung vorzuziehen, da er die Bedeutung nicht so sehr auf die „Bitte um *Erbarmen*“ einschränkt und daher besser als Lobruf gestaltet werden kann.

Gestaltung

Die Kyrie-Rufe können durch Zwischentexte (*Tropen*) erweitert werden. Dabei ist darauf zu achten, dass diese weder vorweggenommene Fürbitten, Schuldbekenntnisse oder Bußrufe sind, sondern Aussagen über das irdische Leben Jesu oder das Wirken des erhöhten Christus machen. Auch trinitarische Tropen verbieten sich an dieser Stelle.

Mischformen aus Kyrie und Bußakt – wie sie das Messbuch vorsieht – sind für die Wort-Gottes-Feier ungeeignet.

Im Kyrie wird der in seiner Gemeinde gegenwärtige Christus begrüßt. Daher kann das Kyrie auch als Gesang zur Eröffnung Verwendung finden. Denkbar sind beispielsweise:
- ein festliches Chor-Kyrie,
- eine Leise (Lied mit „Kyrieleis“, „Erbarm dich Herr“, etc.),
- eine Kyrie-Litanei.

Nach Möglichkeit sollte das Kyrie gesungen werden. Das GOTTESLOB hält hierfür zahlreiche Vertonungen bereit. Leider besitzen davon nur wenige „lobpreisende“ Melodien.

▶ Kyrierufe deutsch: GL 126 | 128 | 130 | 134 | 137 | 151–153 | 157 | 556,1 | 566,1
▶ Kyrierufe griechisch: GL 104 | 108 | 113 | 117 | 121 | 154–156 | 513 | 556,2| 619,6
▶ Kyrie-Litaneien: „Lobpreis“ GL 158–160 | 163–165 | 279; „Buße“ GL 161 | 162 | 582,6
▶ Leisen: GL 215 | 252 | 254 | 291 | 318 | 319 | 348 | 437 | 481 | 503

Passend wäre auch, während des Kyrie Weihrauch einzulegen, der dann als sichtbares Zeichen der Huldigung Christi aufsteigt. Zu Christus-Symbolen (Kreuz, Ikone ...) können während des Kyrie Lichter gebracht und entzündet werden. Die normale Haltung der Gläubigen während des Kyrie ist das Stehen.

3.8 Eröffnungsgebet

Erklärung

Das Eröffnungsgebet – in der Messfeier nennt man es *Tagesgebet* – schließt den Eröffnungsteil der Liturgie ab. Der Form nach ist es eine *Oration*, ein Gebet, das bestimmten Baugesetzen folgt. Es wird auch *Präsidialgebet* (lat. *Vorstehergebet*) genannt, weil es von der Gottesdienstleiterin gesprochen wird. Dies ist sinnvoll, weil es eine Leitungsaufgabe ist, Elemente des Gottesdienstes zu eröffnen und zu beschließen und so das gottesdienstliche Geschehen zu strukturieren.

Die Gemeinde ist durch die Gebetsstille aktiv am Gebet beteiligt und stimmt dem Gebet mit dem *Amen* zu.

Die Erklärungen und Ausführungen über das Tagesgebet gelten in ähnlicher Weise für alle Orationen (Abschlussgebet der Fürbitten, Gabengebet der Messe, Schlussgebet des Kommunionteils, Psalmorationen z. B. in der Osternacht, Orationen in der Tagzeitenliturgie ...).

Hintergrund

Das Eröffnungsgebet beginnt mit der Gebetseinladung: „Lasset uns beten". Danach folgt die Gebetsstille als zentrales Element, in der jede Einzelne der Gottesgegenwart gewahr werden soll und ihr persönliches Gebet im Herzen aufsteigen lässt. Dadurch wird die Oration zum Gebet der Gemeinde, das die Leiterin anschließend in knappen Worten zusammenfasst. Eine Oration – vor allem die zu Beginn eines Gottesdienstes – wird daher auch *Kollektengebet* (Zusammenfassung der Gebetsanliegen) genannt. Um die verschiedenartigen persönlichen Gebete zusammenfassen zu können, nutzt die Oration meist eine eher distanzierte Sprache.

Der Aufbau einer Oration folgt stets einem klaren Schema:

- Gebetseinladung *(Lasset uns beten)*
- Gebetsstille
- Präsidialgebet
  - Anrede (Anaklese)
  - Aussage (Anamnese)
  - Bitte (Epiklese)
  - Mittlerformel (Doxologie)
- Akklamation *(Amen)*

In der **Anrede** wird meist Gott, der Vater angesprochen. An ihn richtet sich das Gebet.

Die **Aussage** bezieht sich auf die Taten Gottes, die uns Menschen zu einem guten Leben, zum Heil helfen. Sie korrespondieren mit dem Inhalt des liturgischen Tages oder mit dem Thema des Gottesdienstes.

Aus der Erfahrung von Gottes Wirken in der konkreten Welt kann der Mensch seine **Bitte** an Gott formulieren. Diese Bitten können konkret sein und aus dem Bereich der Gemeinde stammen.

In der **Mittlerformel** sieht sich der Beter eingebunden in die Liebe des dreieinigen Gottes. Die Beziehung der göttlichen Personen untereinander ermöglicht auch die menschliche Beziehung zu Gott. Dieser Beziehung entspringt das Beten als Reden mit Gott.

Grundform

▶ WGF 35, 50

Beispiel für die Struktur einer Oration:

Gebetseinladung	*Lasset uns beten.*
Gebetsstille	*
Anrede	*Guter Gott,*
Aussage	*du bist in unserer Zeit da,* *auch wenn wir dich nicht sehen,* *und wirkst in unserem Leben.*
Bitte	*Schenke uns deshalb,* *was wir im Augenblick besonders* *brauchen: Geborgenheit und Nähe.*
Mittlerformel	*Darum bitten wir* *durch Jesus Christus, deinen Sohn,* *unseren Bruder und Herrn,* *der in der Einheit des Heiligen Geistes* *mit dir lebt und liebt in alle Ewigkeit.*
Akklamation	*Amen.*

* Für die Gebetsstille ist es einerseits wichtig, dass sie lang genug ist, um allen Gelegenheit zum persönlichen Gebet zu geben. Hilfreich ist es andererseits, wenn man der Leiterin durch Körperhaltung (z. B. Händefalten, Kopfneigen, Augenschließen ...) ansieht, dass auch sie selbst betet.

Gestaltung

Orationen gibt es im Messbuch (Tagesgebete), im Stundenbuch und in den Rollenbüchern für Wort-Gottes-Feiern. Diese Gebete stehen zum Teil bei den liturgischen Tagen oder sind als Sammlung zur Auswahl enthalten (vgl. MB 305ff).

Vor allem bei Gebeten, die ursprünglich für die Messe geschrieben wurden, ist darauf zu achten, dass bei der Wort-Gottes-Feier die Passagen umformuliert werden, die erwarten lassen, dass nun eine Messe folgt.

Das Tagesgebet kann am Leitungsort oder in der Mitte vor dem Altar mit dem Blick zur Gemeinde gebetet werden.

Denkbar ist auch, dass sich die Leiterin in die Gemeinde (z. B. in den Mittelgang) stellt und nach der gemeinsamen Gebetsstille die Kollekte in Blickrichtung der Gemeinde zum Altar spricht. Die vorausgehende Gebetseinladung wird selbstverständlich immer der Gemeinde zugewandt gesprochen und am besten mit einer einladenden Geste versehen.

Bei diesem Gebet ist die Gebetsstille das Wichtigste. Die nachfolgenden Orationen sind stets kurz und knapp. Deshalb sollte an dieser Stelle unbedingt auf wortreiche Gebete verzichtet werden.

Eine gute Möglichkeit ist es, das stille Gebet der Versammelten in der nachfolgenden *Kollekte* (Gebetstext) anklingen zu lassen. *„Guter Gott, du hörst auf das Gebet derer, die zu dir rufen. Wir bitten dich, nimm dich unserer persönlichen Anliegen an und stärke uns durch dein Wort, das wir jetzt hören.“*

Auch kann es von Zeit zu Zeit sinnvoll sein, dem persönlichen Stillgebet durch die Gebetseinladung eine Richtung zu geben: *„Lasset uns beten zu Gott, der uns nahe ist.“*

Die Gebetshaltungen der Gottesdienstleiterin sollten deutlich machen, dass sie einerseits selbst persönlich betet, andererseits anschließend im Auftrag der Gemeinde das Gebet zusammenfasst und zu Gott bringt. Die Gemeinde kann eingeladen werden, eine gemeinsame Gebetshaltung einzunehmen.

4 VERKÜNDIGUNG DES WORTES GOTTES

Erklärung

Die Verkündigung des Wortes Gottes ist wesentlicher Bestandteil jeder liturgischen Feier. In jeder Liturgieform ist die Wortverkündigung ein Hauptteil des Gottesdienstes. Dieser wird als Wortgottesdienst bezeichnet.

Die Grundstruktur aller Liturgie, *Katabasis—Anabasis* (absteigende und aufsteigende Bewegung), wird dabei einerseits auf den ganzen Gottesdienst, andererseits aber auch auf seine Binnenstruktur gelegt: Auf den Wortgottesdienst folgt ein Antwortteil, auf eine Lesung ein Responsorium (Antwort).

Hintergrund

Tagtäglich strömen unzählige Worte auf uns ein. Viele davon sind Worte *über* etwas, sie informieren über Sachverhalte, über eine jenseits der Worte liegende Wirklichkeit (z. B. „Heute regnet es."). Es gibt aber auch Worte, die selbst Wirklichkeit schaffen. Wenn ich sage: „Ich verzeihe dir", schaffe ich damit ein versöhntes Miteinander als neue Wirklichkeit. Wenn ein Brautpaar sagt: „Ich verspreche dir die Treue", dann ist damit die Ehe zwischen beiden als neue Wirklichkeit ins Leben gerufen. Bei solchen Worten teilt der Sprecher nicht nur etwas mit, sondern in gewissem Sinn sich selbst.

Ähnliches gilt für das Hören. Ich kann einem Menschen, der mir etwas sagt, unterschiedlich intensiv zuhören. Ich kann

- das Gesagte oberflächlich zur Kenntnis nehmen,
- es aber auch in mein Herz hereinlassen; es kann mich treffen, berühren und mein Verhalten verändern.

Gott teilt uns nicht etwas mit, sondern sich selbst

Das Volk Israel hat die Erfahrung gemacht: Jahwe, unser Gott, spricht uns auf vielfältige Weise an – vor allem durch geschichtliche Ereignisse (Herausführung aus Ägypten, Heimführung aus der Verbannung ...) und durch die Boten, die er sendet. Das geschieht auch heute noch, wenn Menschen uns Wichtiges sagen (ein liebevolles Wort, aber auch manch kritisches oder herausforderndes), durch die Stimme des Gewissens, durch Träume oder Körpererfahrungen. Jedoch sind alle diese Stimmen vieldeutig. Es braucht die Kunst der Unterscheidung, um sie deuten zu lernen.

Durch all die vielen Ereignisse und all die vielen Worte hindurch sagt Gott sein entscheidendes Wort: Ich bin euer Gott, ihr seid mein Volk; ich bin „Jahwe" (d. h.: Ich werde mich immer wieder erweisen als der, der mit euch ist und für euch da ist).

Wenn wir von *Wort Gottes* sprechen, meinen wir nicht in erster Linie: Gott teilt uns etwas mit. Sondern: Gott teilt sich uns selbst mit; er sagt uns seine Nähe und Treue zu. Die Theologen sprechen von *Selbstmitteilung* oder *Offenbarung* Gottes. Diese geschieht nicht nur in Worten, sondern auch in Taten. Gottes Wort ist kein bloß informierendes Wort, sondern bewirkt, was es sagt (vgl. Jes 55,11).

In welchem Sinn ist die Heilige Schrift *Wort Gottes?*

Wenn wir sagen: Die Heilige Schrift ist Wort Gottes, dann meinen wir damit: Die vielen Texte der Bibel bezeugen die Erfahrung der Zuwendung Gottes. Durch das Lesen und Hören dieser Texte wird Gottes Selbstmitteilung und Zuwendung heute für uns Wirklichkeit. Wir werden im Hören und Lesen selbst hineingenommen in Gottes Nähe, von der die Texte sprechen.

Das ist sicherlich leicht nachvollziehbar bei einem Text wie Jes 43: Was der Prophet im Namen Gottes dem Volk zusagt („Fürchte dich nicht; ich habe dich bei deinem Namen gerufen; ich bin bei dir …“), kann unschwer als Wort Gottes an uns heute und an mich persönlich verstanden werden.
Wie verhält es sich aber mit manchen Erzählungen der Bibel, die von schockierenden Begebenheiten berichten? In welchem Sinn ist z. B. die Geschichte von David, der auf raffinierte Weise den Urija in den Tod schickt und dann dessen Frau heiratet (vgl. 2 Sam 11), *Wort Gottes*? Wer die Erzählung weiterliest, erfährt davon, wie Gott David einerseits wegen seiner Tat zur Rechenschaft zieht, andererseits aber auch zur Vergebung bereit ist. Die Geschichte bezeugt somit, wie Gott sich Menschen zuwendet mit seinem ganzen Gerechtigkeitssinn und zugleich mit seiner übergroßen Barmherzigkeit. Sie nimmt gleichzeitig den Leser/Hörer hinein in die Begegnung mit dem Gott der Bibel, dem kein Unrecht entgeht und der zugleich Wege der Versöhnung zeigt. Sie sagt zu, dass dieser Gott auch uns heute nahe ist. Insofern ist auch diese Erzählung *Wort Gottes*.

Die Bibel – Gotteswort in Menschenwort

Das Wort Gottes gibt es nicht ohne menschliche Wortgestalt. Weil diese immer auch zeit- und situationsbedingtes Menschenwort ist, braucht das Wort Gottes stets die Übersetzung in die Sprache unserer Zeit. Die Bibel ist also nicht Gottes Wort in dem Sinn, dass sie Wort für Wort von Gott diktiert worden wäre, oder so, dass jeder Satz der Bibel Gottes überzeitliches Wort an die ganze Menschheit wäre. Die Bibel ist zugleich zeitbedingtes Menschenwort. Sie ist Gotteswort in Menschenwort.

Jesus – das Wort Gottes

In den christlichen Gemeinden hat sich sehr bald die Überzeugung gefestigt: In Jesus hat Gott sein entscheidendes Wort gesprochen. In ihm hat er ein für alle Mal bekräftigt, was er bereits in der Geschichte des Volkes Israel immer wieder zugesagt hatte. Gott hat in ihm den Menschen seine Nähe und Treue zugesprochen und

nimmt sie nie mehr zurück. Über diese Zusage hinaus kann Gott nichts Größeres und Schöneres mehr sagen. Daher ist Jesus für die Christen das Wort Gottes.
Was der Prolog des Johannesevangeliums in poetische Worte fasst – „Das Wort ist Fleisch geworden und hat unter uns gewohnt" – sollte in jedem Gottesdienst erlebbar sein, denn dieses göttliche Wort ist Jesus Christus selbst. Bei Verkündigung geht es stets um Gottesgegenwart.

Grundform

▶ WGF 35ff, 50f

Betrachtet man die beiden Teile *Verkündigung des Wortes Gottes* und *Antwort der Gemeinde* als zusammengehörend, ergibt sich folgender Aufbau der Wort-Gottes-Feier:

Hören ↓	Wir hören das Wort Gottes aus Heiligen Schrift. (= **Wort Gottes)**	Lesung(en) Psalm Evangelium
Bedenken	Wir besinnen uns auf das, was Gott uns im Wort der Schrift sagen will.	Stille Auslegung (Predigt) Meditation
Antworten ↑	Wir antworten lobend, dankend, bittend darauf. (= **Antwort des Menschen)**	„Antwort der Gemeinde"

Eine minimalistische Form dieser Struktur sind Dreiklänge aus Lesung — Stille — Responsorium oder Hymnus — Versikel — Oration (z. B. vor dem eucharistischen Segen: *Tantum ergo — Panem de caelo — Oremus*).

Gestaltung

Der oben aufgezeigte dialogische Charakter des Wortgottesdienstes kann gemäß den Rollenbüchern variiert werden:

FORM A – Schwerpunkt: **Leseordnung der Messfeier an Wochentagen**

- (Hinführung zu den Lesungen)
- Erste Lesung
- Psalm
- Ruf vor dem Evangelium
- Evangelium
- (Aneignung und Deutung)
- Stille

Bei dieser Form steht die Bahnlesung des entsprechenden Wochentages oder Heiligengedenktages wie bei der Messe als Verkündigung im Mittelpunkt. Die Botschaft der Schrifttexte (Lesung, Psalm und Evangelium) stehen nebeneinander.

Da es sich hierbei um die bekannteste und gewohnteste Form der Verkündigung von Gottes Wort handelt, ist sie auch einfach zu praktizieren.

FORM B – Schwerpunkt: **Evangelium**

- Hinführung zum Evangelium
- Ruf vor dem Evangelium
- Evangelium
- Wiederholung des Rufes
- (Aneignung und Deutung)
- Stille

Form B zentriert auf die Botschaft des Evangeliums. Als weitere Gestaltungsmöglichkeiten wären hier Textwiederholungen der Perikope oder ein Schriftgespräch möglich. Die Auswahl nur einer Lesung kommt der Konzentration auf eine Botschaft entgegen.

FORM C – Schwerpunk: **Lesung**

- Hinführung zur Schriftlesung
- (Längere) Schriftlesung
- Psalm
- Stille

Bei dieser Form steht eine Perikope der außerevangelischen Schriften der Bibel im Zentrum. Dabei könnte auf die Eigenheit des entsprechenden biblischen Buches das Augenmerk gelegt und die Perikope in den größeren Schriftzusammenhang gestellt werden.

FORM D – Schwerpunkt: **Psalm**

- Lesung aus dem Psalmenbuch
- Psalm-Meditation
- Stille
- Psalmlied

Meditatives Kreisen um den Psalm als Gebet, ein Wort daraus oder eine Aussage des Psalmes ist das Anliegen dieser Form. Sie kann besonders Verwendung finden in Gottesdiensten mit Gruppen, die sich auf intensives Gebet und Meditation einlassen.

FORM E – Schwerpunkt **Heiligengedenken**

- Schriftlesung (vom Heiligengedenken)
- Responsorium
- Geistliche Lesung (vom Heiligengedenken)
- (Responsorium)
- Stille

Bei dieser Form steht das Gedenken Heiliger im Mittelpunkt der Schriftbetrachtung. Ausgehend von einem biblischen Text, kann das Leben der Heiligen als Nachfolge Christi und Beispiel für heutige Nachfolge betrachtet werden. Die „Geistlichen Lesungen" sind im Großen Stundenbuch oder in Heiligenlegenden zu finden. Dabei ist besonders darauf zu achten, dass diese außerbiblischen Lesungen nicht das Wort der Heiligen Schrift in den Schatten stellen bzw. theologisch problematisch oder schwer verständlich sind.

Die Modelle sollen Hilfen bei der Gestaltung der Gottesdienste sein, nicht aber die eigene Kreativität einschränken.

4.1 Leseordnung

Erklärung

Um den Gläubigen den „Tisch des Wortes Gottes reicher zu bereiten" (SC 51), wurde nach dem Konzil ein neuer Lesezyklus entwickelt, der für die Sonntage drei Lesejahre (A, B und C) vorsieht. Dabei fällt das Lesejahr C jeweils in die Jahre, deren Quersumme durch 3 teilbar ist, z. B. 2019 (Quersumme: 2+0+1+9=12). Das Lesejahr beginnt jeweils mit dem Kirchenjahr, also am 1. Adventssonntag des vorherigen Kalenderjahres.

Die werktägliche Leseordnung umfasst außerhalb der geprägten Zeiten zwei Lesejahre. Während von Jahr zu Jahr stets dieselbe Evangelienperikope verkündet wird, wechseln die Lesung (und der Psalm) zwischen ungeraden (I) und geraden (II) Jahren.

Hintergrund

Nach dem Zweiten Vatikanischen Konzil wurde die Leseordnung grundlegend neu gestaltet. Die Konzilsväter wünschten, es solle „die Schatzkammer der Bibel weiter aufgetan werden, so dass innerhalb einer bestimmten Anzahl von Jahren die wichtigsten Teile der Heiligen Schrift dem Volk vorgetragen werden" (SC 51).

Die Leseordnung folgt dabei dem Leitbild der *Intertextualität*, also dem Zusammenklang verschiedener Texte unterschiedlichen Ursprungs und Genres: Dem Evangeliumsabschnitt wird ein Text aus dem Alten Testament zugeordnet, diesem wiederum ein Psalm. Ziel ist hierbei, besondere Bezüge zwischen den Texten herzustellen. Dies können wörtliche Zitate sein oder identische Themen und Motive. Auch ein vergleichbares inhaltliches Spannungsfeld vermag die Texte miteinander in Beziehung zu setzen.

Das „offene Kunstwerk" (Umberto Eco) der Schriftverkündigung im Gottesdienst ist daher nicht durch die Intention der jeweiligen Texte und ihrer Autoren beschränkt, sondern wird durch das Neben- und Miteinander verschiedener Texte in ein und derselben Feier entscheidend erweitert. Auch die Fähigkeit der Hörer, die im Zusammenklang der Texte verborgenen Berührungspunkte zu entschlüsseln, spielt

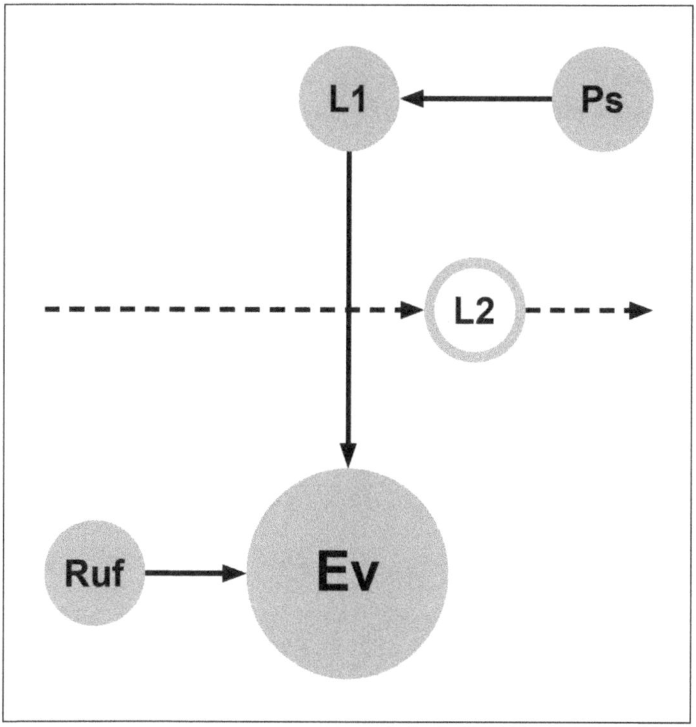

eine wichtige Rolle. Aus ganz verschiedenen Perspektiven blickt die Gottesdienstgemeinde – angeregt durch die verschiedenen Texte – auf den „Leittext" des Evangeliums, der das „Gesicht" des jeweiligen Tages prägt sowie mit ihm zusammen auf die Feier von Tod und Auferstehung Jesu. Dabei geht es keineswegs nur um die Schrifttexte des Verkündigungsteils. Auch Eröffnungs- und Kommunionvers, die Oration(en), (die Präfation) und die gesungenen Lieder eröffnen solche Perspektiven. Aufgabe der Predigt kann es sein, solche Verbindungslinien aufzuzeigen.

Auf der anderen Seite wird das Verständnis des jeweiligen Bibeltextes durch das Konzept der Intertextualität aber auch eingeschränkt. Der eigentliche Kontext der Perikope, ihr Autor, ihre Entstehungszeit, ihre Stellung innerhalb der Abfolge biblischer Bücher gerät in den Hintergrund. Wichtiger wird stattdessen der Zusammenklang verschiedener Texte zu einem Gesamtkunstwerk.

Dem Prinzip der *Kontextualität* folgt beispielsweise die 2. Lesung aus einem Apostelbrief. Hier werden mehr oder weniger nacheinander biblische Bücher gelesen. Bezüge zu den übrigen Texten der gottesdienstlichen Wortverkündigung sind eher zufällig und daher oftmals von besonderer Spannung.

Grundform

Sonntagsordnung

Die Leseordnung für die Messfeier, die grundsätzlich auch für die Wort-Gottes-Feier Orientierung bietet, geht an Sonn- und Festtagen jeweils von der Evangelienperikope als „Leittext“ aus. In den drei Lesejahren werden die ersten drei Evangelien gelesen:

A Matthäus
B Markus
C Lukas

Abschnitte aus dem Johannesevangelium kommen an ausgewählten (Fest-)Tagen zur Verkündigung.

Die 1. Lesung (aus dem Alten Testament) ist zum Evangelium passend ausgesucht, zu ihr wiederum der Psalm. In der Osterzeit werden traditionell Abschnitte aus der Apostelgeschichte als 1. Lesung verwendet.

Die 2. Lesung folgt als „Bahnlesung“ dem Prinzip der Kontextualität: Ein biblisches Buch wird – durchaus mit Auslassungen – der Reihe nach gelesen:

A 1. Korinther 1–4; Römer 3–14; Philipper 1–4; 1. Thessalonicher 1–5
B 1. Korinther 6–10; 2. Korinther 1–12; Epheser 1–5; Jakobus 1–5; Hebräer 2–10
C 1. Korinther 12–15; Galater 1–6; Kolosser 1–3; Hebräer 11–12; Philemon; 1. Timotheus 1; 2. Timotheus 4; 2. Thessalonicher 1–3

Wochentagsordnung

An den Wochentagen im Jahreskreis werden Abschnitte aus den ersten drei Evangelien verkündet:

1.–9. Woche: Mk 1–12
10.–21. Woche: Mt 5–25
22.–34. Woche: Lk 4–24

Die Lesungen folgen einer zweijährigen Ordnung:

Wo.	Jahr I	Jahr II
1	Hebräer	1 Samuel
2	Hebräer	1 Samuel
3	Hebräer	2 Samuel
4	Hebräer	2 Samuel; 1 Könige 1–16
5	Genesis 1–11	1 Könige 1–16
6	Genesis 1–11	Jakobus
7	Jesus Sirach	Jakobus
8	Jesus Sirach	1 Petrus; Judas
9	Tobit	2 Petrus; 2 Timotheus
10	2 Korinther	1 Könige 17–22
11	2 Korinther	1 Könige 17–22; 2 Könige
12	Genesis 12–50	2 Könige, Klagelieder
13	Genesis 12–50	Amos
14	Genesis 12–50	Hosea; Jesaja
15	Exodus	Jesaja; Micha
16	Exodus	Micha; Jeremia
17	Exodus; Levitikus	Jeremia
18	Numeri; Deuteronomium	Jeremia; Nahum; Habakuk
19	Deuteronomium; Josua	Ezechiel
20	Richter; Rut	Ezechiel
21	1 Thessaionicher	2 Thessaionicher; 1 Korinther
22	1 Thessaionicher; Kolosser	1 Korinther
23	Kolosser; 1 Timotheus	1 Korinther
24	1 Timotheus	1 Korinther
25	Esra; Haggai; Sacharja	Sprichwörter; Kohelet
26	Sacharja; Nehemia; Baruch	Ijob
27	Jona; Maleachi; Joel	Galater
28	Römer	Galater; Epheser
29	Römer	Epheser
30	Römer	Epheser
31	Römer	Epheser; Philipper
32	Weisheit	Titus; Philemon; 2 u.3 Johannes
33	1 u. 2 Makkabäer	Offenbarung des Johannes
34	Daniel	Offenbarung des Johannes

Näheres zu Aufbau, Inhalten und Intentionen der Leseordnung findet sich im Messlektionar (↗ PEM 58–110).

Gestaltung

Auch wenn der erste Blick für die Auswahl von Schriftlesungen der kirchlichen Leseordnung gelten sollte und – gerade in einer Wort-Gottes-Feier – der Wortgottesdienst in seiner Vollform (also ohne Weglassung einer der Lesungen oder des Psalms) gefeiert werden sollte, gibt es dennoch keine Festlegung darauf.

Schon das Direktorium (der liturgische Kalender des Bistums) und die Pastorale Einführung ins Messlektionar bieten Variationsmöglichkeiten an. So können an manchen Wochentagen auch die Texte eines Heiligengedächtnisses benutzt werden. Falls beispielsweise in den Wochen im Jahreskreis nicht an jedem Tag ein Gottesdienst stattfindet, kann die Leseordnung eines beliebigen Wochentags oder die des voraufgehenden Sonntags benutzt werden.

Daneben bietet das Rollenbuch VISN zahlreiche Variationen und Schwerpunktsetzungen der kirchlichen Leseordnung an (↗ S. 71ff). Die Auswahl sollte immer pastorale Gesichtspunkte hinsichtlich der jeweiligen Gottesdienstgemeinde, aber auch den gesamtkirchlichen Kontext berücksichtigen.

Schließlich ist zu beachten, dass Lesungstexte stets aus einem ordentlichen Buch, am besten aus dem Lektionar oder einer Vollbibel verkündet werden. Notfalls sollten Einzelblätter durch ein Buch „getarnt" werden.

4.2 Einführung in den Wortgottesdienst

Mancherorts ist es üblich, vor den biblischen Lesungen jeweils eine kurze Einführung zu geben, die den historischen Hintergrund oder den Kontext des jeweiligen Textes umreißt.

Stattdessen ist es auch denkbar, zu Beginn des Wortgottesdienstes eine kleine Verständnishilfe zu geben. Diese sollte sich allerdings nicht in Details ergehen (das ist Sache der nachherigen Auslegung), sondern vielmehr eine geistliche Gestimmtheit erzeugen, durch die sich den Zuhörenden der innere Zusammenhang der verschiedenen Texte erschließt.

Ein Beispiel findet sich in der Osternacht. Dort führt die Leiterin mit folgenden oder ähnlichen Worten in die lange Reihe der alttestamentlichen Lesungen ein: „*Die Lesungen verkünden uns, wie sich Gott von Anfang an des Menschen angenommen und sein Volk geführt hat und wie er zuletzt seinen Sohn als Erlöser gesandt hat.*“

4.3 Prozession

In der Wort-Gottes-Feier ist – analog zur Messfeier – eine Evangelienprozession vorgesehen. Zahlreiche Riten markieren diesen Höhepunkt des Verkündigungsteils.

Jedoch kann es sinnvoll sein, nicht erst das Evangelium, sondern den gesamten Verkündigungsteil mit einer Prozession vom *Ort des Buches* zum Ort der Verkündigung zu eröffnen. Die Ostkirche kennt den sogenannten *Kleinen Einzug* mit dem Evangeliar – eine Prozession zu Beginn des Wortgottesdienst der Messfeier – im Unterschied zum *Großen Einzug* mit den bereiteten Gaben zu Beginn der Eucharistiefeier. Durch eine Prozession zu Beginn des Verkündigungsteils wird der Fokus nicht primär auf das Evangelium, sondern vielmehr auf die Einheit der gesamten Schrift gelegt.

Das sollte sich dann aber auch im Buch niederschlagen, aus dem verkündet wird. Statt der expliziten Rollenbücher (Lektionar, Psalterium, Evangeliar) eignet sich dann eher eine Vollbibel, die ihrerseits die Einheit der Schrift deutlich macht.

4.4 Ort des Buches

Seit alter Zeit ist es üblich, bei Konzilien und Synoden inmitten der Versammlung das Evangelienbuch zu inthronisieren. Im Mittelalter gab es Buchpulte, die als menschliche Figuren gestaltet waren (so der *Atzmann* im Würzburger Dom). Seit dem Zweiten Vatikanischen Konzil gibt es in manchen Kirchen fest installierte Buchpulte entweder in Verbindung mit Ambo oder Tabernakel oder als Buchschrein in Polarität zu diesem. Dadurch wird veranschaulicht, dass Christus in vielfältigen Zeichen in seiner Gemeinde gegenwärtig ist.

Einen solchen *Ort des Buches* (*Logophoron*) setzt das Rollenbuch WGF voraus, wenn es davon spricht, dass das Evangeliar nach der Verkündigung dorthin zurückgebracht und – „als Zeichen der bleibenden Gegenwart Christi" – geöffnet ausgestellt werden soll, während die Gemeinde den Ruf zum Evangelium wiederholt. An diesem Ort wurde das Buch nach dem Einzug niedergelegt und ggf. beräuchert.

Das Schweizer Liturgiebuch zur WGF, das diesen Begriff „Ort des Buches" eingeführt hat, erklärt näher, dass dieser für alle Mitfeiernden gut sichtbar sein und sich im vorderen Raumbereich in einem gewissen Abstand von Ambo und Altar befinden solle. Auszugehen ist also von einem Pult bzw. Ständer, der durch Leuchter (in der Osterzeit durch die Osterkerze) und anderen Schmuck hervorgehoben werden kann. Je nach Raumdisposition kann auch der Altar oder ein Seitenaltar zum Ort des Buches werden.

Zu unterscheiden ist der liturgische „Ort des Buches" von einem Pult, an dem die Heilige Schrift oder das Tageslektionar für die persönliche Bibellesung in der Kirche bereitgehalten wird.

4.5 Zum Vortrag von biblischen Lesungen

Wenn Sie einen biblischen Text im Gottesdienst vortragen, sind Sie Verkündigerin der Frohen Botschaft und nicht nur „Vorleserin". Die Art und Weise, wie Sie eine biblische Lesung im Gottesdienst vortragen, wird mit darüber entscheiden, ob die Gottesdienstteilnehmer in diesen Worten eine Bedeutung für ihr eigenes Leben zu entdecken vermögen.

Dass der Evangelientext auch wirklich bei den Hörern „ankommt", hat zunächst etwas mit der technischen Fertigkeit zu tun, einen Text lebendig und deutlich vorzulesen. Hierzu gibt das Druckbild des Lektionars bereits zahlreiche Hilfen (↗ Anhang IV in den Lektionaren).

Allerdings ist es eben nicht nur eine Frage der Technik, ob das vorgetragene Wort beim Hörer auch wirklich ankommt. Voraussetzung für eine Verkündigung, die den Hörer erreicht, ist zuerst die *Haltung* der Verkündigerin. Aus der Perspektive der Gottesdienstteilnehmer könnte das bedeuten:

- Als Hörer nehme ich wahr, ob diejenige, die einen biblischen Text liest, auch versteht, worum es in diesem Text geht.
- Als Hörer nehme ich ebenso wahr, ob die Worte der Schrift für die Vortragende selbst eine Bedeutung haben.

Nur wenn das bei der Verkündigerin der Fall ist, werde ich das gesprochene Wort auch wirklich an mich heranlassen.

Ihre Haltung – man könnte auch sagen: Ihre Ausstrahlung – bei der Verkündigung des Wortes Gottes ist nicht zu unterschätzen. Nehmen Sie sich also genügend Zeit zur inhaltlichen und technischen Vorbereitung auf die Texte.

Verkündigung

Gestaltungsmöglichkeiten

Stark von Dialogen geprägte Texte – z. B. das Gespräch zwischen Abraham und Gott über den Untergang Sodoms und Gomorras (Gen 18) oder Gespräche zwischen Jesus und seinen Jüngern – können auch mit verteilten Rollen gelesen werden. Unter Umständen ist sogar die Reduktion auf den reinen Dialog (ohne die jeweils die wörtliche Rede einleitenden Worte) möglich. In jedem Fall sollte man den Text gut vorbereiten (z. B. durch farbige Markierungen) und ihn vorher mit den beteiligten Personen üben.

Alle biblischen Texte können kantilliert werden. Für bestimmte Textarten (z. B. Prophetentexte, Evangelien) gibt es traditionell eigene Kantillationsmodelle.

Manchmal können andere Übersetzungen der Bibeltexte sinnvoll sein, um Hörgewohnheiten aufzubrechen oder besondere Zielgruppen zu berücksichtigen. Die Sonntagsevangelien liegen inzwischen z. B. auch in „Leichter Sprache" vor.

4.6 Erste Lesung

Erklärung

Die erste der drei Schriftlesungen der sonntäglichen Leseordnung ist in der Regel aus den Büchern des Alten Testaments entnommen. Nur in der Osterzeit und an ausgewählten Festen stammt sie – wie auch die 2. Lesung – aus dem Neuen Testament. In der Osterzeit werden Abschnitte aus der Apostelgeschichte als 1. Lesung verwendet.

Die alttestamentliche Lesung ist passend zum jeweiligen Evangelium ausgewählt. Sie folgt also nicht dem Gang des Textes eines biblischen Buches oder einer ganzen Büchergruppe, sondern „springt" von Sonntag zu Sonntag. Durch diese Zuordnung des Alten Testaments gibt das Evangelium jedem Sonntag das thematische Gesicht.

Werktags folgt die (einzige) Lesung – mal aus dem Alten, mal aus dem Neuen Testament entnommen – dem Bahnprinzip, nach dem mehrere Abschnitte eines biblischen Buches nacheinander an aufeinander folgenden Tagen gelesen werden.

Hintergrund

Bis zum Zweiten Vatikanischen Konzil gab es kaum alttestamentliche Lesungen in der Messfeier. Bei der Neugestaltung der Leseordnung, die „die Schatzkammer der Bibel weiter auftun" (SC 51) wollte, suchte man hingegen gezielt nach Abschnitten aus dem Alten Testament, die einen Bezug zum jeweiligen Evangelium besitzen, die in ihm zitiert werden, prophetisch auf es vorausweisen, bzw. die ähnliche Ereignisse oder Motive, sich ergänzende Aussagen oder Hintergrundinformationen enthalten.

Dies hat zur Folge, dass die wichtigsten alttestamentlichen Texte nicht aufgrund ihrer eigenen Bedeutung ausgewählt wurden, sondern sich von den vorgängig bestimmten Evangeliumsperikopen her ergaben.

Der für diese Auswahl prägende theologische Gedanke lässt sich mit dem Ausdruck *Verheißung—Erfüllung* charakterisieren: Das Leben und Wirken Jesu, sein Tod am Kreuz und seine Auferweckung durch Gott bringen nach diesem Schema zur Erfüllung, was im Alten Testament bereits verheißen wurde. Das Alte Testament ist in dieser Deutung gleichsam *Wegbereiter* oder auch *Vorläufer* des Neuen Testaments.

Das Schema *Verheißung—Erfüllung* lässt sich bereits innerhalb der Evangelien (besonders bei Mt) erkennen. Den Evangelisten war daran gelegen, die Botschaft vom auferweckten und erhöhten Christus für Menschen verständlich zu machen, die – bevor sie Christen wurden – Juden waren und auch innerhalb der christlichen Gemeinden als sogenannte „Judenchristen“ an ihrer Tradition festhielten. Ihnen wollten die Autoren der Evangelien die Bedeutung Jesu innerhalb der ihnen vertrauten jüdischen Heilsgeschichte vermitteln.

Gerade in den letzten Jahren ist jedoch innerhalb der Kirche das Bewusstsein dafür gewachsen, dass das Alte Testament eben nicht nur ein *Vorläufer* des Neuen Testaments ist, sondern einen eigenständigen Wert besitzt. Mit diesem Bewusstseinswandel ging eine weitere „Entdeckung“ einher: Mehr und mehr lernte man zu verstehen, was es für unseren Glauben bedeutet, dass Jesus von Nazaret selbst als Jude geboren wurde, als Jude lebte und als Jude starb.

Wenn wir in unseren Gottesdiensten Texte aus dem Alten Testament zu Gehör bringen, dann nähern wir uns der Bibel Jesu und damit der Sammlung von Schriften, die den Glauben des Juden Jesus von Nazaret prägten. Zudem war bis in das 2. Jahrhundert hinein das Alte Testament die einzige heilige Schrift, die die ersten christlichen Gemeinden zur Verfügung hatten. Mit Jesus, mit den ersten Gemeinden, aber auch mit unseren heutigen jüdischen Nachbarn stehen wir auf diesem Fundament der alttestamentlichen Tradition.

Aber auch aus einem anderen Grund ist es sinnvoll, alttestamentliche Texte in unseren Gottesdiensten zu lesen und zu bedenken: Sie bezeugen – wie auch das Neue Testament – Gott als einen rettenden, befreienden und berufenden Gott – bisweilen widersprüchlicher, aber auch vielfältiger und konkreter als es im Neuen Testament geschieht. Deutlicher vielleicht als das Neue Testament verweist das Alte Testament durch seine lange Entstehungszeit (über 1500 Jahre) und die Konkretheit seiner Aussagen auf die Erfahrung, dass Gott sich in der menschlichen Geschichte zu erkennen gibt. Auch uns Christen würde etwas Entscheidendes fehlen, wenn wir etwa die Abrahamserzählung, das Buch Jona oder die prophetischen Bilder von Friede und Fülle (Jes 11,35) vernachlässigen würden.

Das Alte Testament steht zwar in unseren Regalen als ein einziges Buch, ein Blick auf die ersten Seiten einer gängigen Bibelausgabe zeigt jedoch, dass in diesem Buch eine Sammlung verschiedenster Schriften aus unterschiedlichen Zeiten enthalten ist – eine „Bibliothek" aus 46 Büchern. Die meisten dieser Bücher sind ursprünglich in hebräischer Sprache verfasst und lassen sich grob in vier Gruppen einteilen:

1. die fünf Bücher Mose (Pentateuch),
2. die Bücher der Geschichte des Volkes Israel,
3. die Weisheitsliteratur mit den Psalmen,
4. die Bücher der Propheten.

In der Osterzeit wird die (erste) Lesung sonntags wie werktags traditionell aus der Apostelgeschichte genommen. In diesem zweiten Teil des lukanischen Doppelwerkes wird die Entwicklung der jungen Kirche beschrieben. Entsprechend wird die nachösterliche Geschichte Gottes mit seinem Volk durch Perikopen aus diesem biblischen Buch vergegenwärtigt.

Grundform

▶ WGF 35, 50

Die Lektorin tritt zur Verkündigung der Ersten Lesung an den Ambo und beginnt mit den Worten:

Lesung aus dem Buch N.

Nach der Lesung kann die Lektorin anfügen:

Wort des lebendigen Gottes.

Die Gemeinde bestätigt dies durch die Antwort:

Dank sei Gott.

Auf der Ebene der Sprechakte ist zu unterscheiden, dass die einleitende Angabe des biblischen Buches informierenden Charakter hat, es sich bei der abschließenden Akklamation aber um eine Glaubensaussage handelt. Eine alternative Schlussformel wie *„Das waren die Worte der ersten Lesung"*, die ebenfalls bloß informierend wäre, ist daher unangebracht.

Gestaltung

In einer Hinführung zur Lesung kann der grobe (geschichtliche) Zusammenhang des Textes erklärt werden, damit die Perikope für den Hörer besser verständlich ist. Diese Hinführung soll kurz sein und kann von einer anderen Sprecherin oder der Leiterin selbst (nicht am Ambo) vorgetragen werden.

Der bisher kursiv und nun grau gedruckte Satz im Lektionar ist eine Inhaltsangabe und nicht zum Vorlesen geeignet. Ebensowenig die einführenden Informationen im Schott-Messbuch: Sie sind eine Hilfe zur Vorbereitung, aber nicht zum Vortrag in der Liturgie gedacht.

4.7 Psalm

Erklärung

„Der Psalm ist ein wesentliches Element des Wortgottesdienstes." (AEM 36) Auf die Erste Lesung, die an den Sonntagen außerhalb der Osterzeit meist dem Alten Testament entnommen ist, folgt der Psalm. Er ist ebenfalls Teil des Alten Testaments. In seltenen Fällen steht an dieser Stelle auch ein anderer Gesang aus dem Alten (oder Neuen) Testament, der nicht aus dem Psalmenbuch entnommen ist.

Für jede (erste) Lesung findet sich im Lektionar im Anschluss ein passender Psalm. Er beleuchtet die vorangegangene Perikope aus einer anderen Perspektive.

In der Regel wird der Psalm nicht ganz gesungen, sondern es werden nur einzelne Verse ausgewählt. Der solistische Vortrag wird von der Gemeinde immer wieder durch einen passenden Kehrvers unterbrochen, der meist dem Psalm selbst entnommen ist.

Der Psalm ist Verkündigung und (anders als das meist christologische Responsorium in der Tagzeitenliturgie) nicht Antwort. Die Bezeichnung *Antwortpsalm* rührt daher nicht von seiner Beziehung zur vorangehenden Lesung, sondern aus seiner Vortragsweise her: Der solistische Vortrag des Psalmtextes wird von der Gemeinde mit einem Kehrvers beantwortet.

Hintergrund

Der Psalm ist Verkündigung des Wortes Gottes

Im Psalm werden Gedanken der Lesung aus einer neuen Perspektive heraus beleuchtet (vgl. VISN 113). Gleichzeitig ist der Psalm aber eigenständige Verkündigung, gewissermaßen eine weitere Lesung aus dem Alten Testament.

Durch den Psalm wird die Gottesdienstgemeinde intensiv in die Geschichte Gottes mit den Menschen hineingenommen. D.h., dass Gottes Wort bewirkt, wozu es ausgesandt ist (vgl. Jes 55,11), wenn dies auch nicht objektiv feststellbar ist.

In dieser Phase des Wortgottesdienstes kommt zudem die tätige Teilnahme der Gemeinde an der Verkündigung zum Tragen. Durch den Kehrvers ist sie aktiv beteiligt.

Die Psalmen als Gebetbuch des Volkes Israel und der Kirche

Das alttestamentliche Buch der Psalmen enthält 150 Lieder, die die ganze Bandbreite des menschlichen Lebens umfassen. Sie sind in unterschiedlichen Zeiten und Situationen entstanden. Manche wurden in späterer Zeit König David als Verfasser zugeschrieben.

Viele Gedanken der Psalmen muten uns fremd an. Manche Gottesvorstellungen scheinen deutlich einer früheren Kultur- und Bewusstseinsstufe verhaftet. Manche Psalmen sind nur aus den konkreten geschichtlichen Erfahrungen des Volkes Israel heraus verständlich, etwa die Königspsalmen (etwa Ps 47; 93; 96–99), die Zionslieder (etwa Ps 46; 48; 76) oder die messianischen Psalmen (etwa Ps 2; 110).

Andererseits sprechen viele Psalmen auch den Menschen unserer Tage unmittelbar an. Denn in den Psalmen bringen Menschen die ganze Bandbreite ihrer Erfahrungen und ihrer Gefühle vor Gott und sprechen sie ganz unverblümt und ungeschminkt vor ihm aus. Diese Direktheit ist unserem Beten oft verloren gegangen. Durch das Hören der Psalmen und durch die Auseinandersetzung mit deren Theologie können wir zu einer Gebetspraxis kommen, wie sie die Psalmen enthalten. So gibt es in den Psalmen nicht nur Bitten, sondern auch Äußerungen von

- Dank (etwa Ps 30),
- Lob und Preis (etwa Ps 8),
- Klage (etwa Ps 88),
- Wut und Zorn (etwa Ps 109).

Gerade die letzten beiden Gebetsinhalte sind uns meist fremd. Manche von uns haben gelernt: Du darfst nicht klagen, du musst alles vertrauensvoll in Gottes Hand legen. Du musst deine Aggressionen bezwingen, und Wut und Zorn gegen Gott (wie etwa Ps 88,7a.15a) darf es schon gar nicht geben. Die Beter der Psalmen dagegen wissen: Nicht das Hinunterschlucken führt weiter, sondern das Äußern meiner Gefühle im Gebet. Gott akzeptiert mich so, wie ich jetzt bin. Ich muss nicht erst alles verarbeitet haben, um vor Gott hinzutreten. Ich kann so mit ihm sprechen, wie mir jetzt zumute ist. So mache ich es ihm am leichtesten, mich weiterzuführen.

Die Kirche hat sehr früh die Psalmen der Heiligen Schrift als ihr eigenes Gebetbuch übernommen. Viele Gedanken (besonders aus den Königspsalmen und den messianischen Psalmen) hat sie dabei im übertragenen Sinn gedeutet und auf Jesus bezogen.

In der kirchlichen Tagzeitenliturgie spielen Psalmen eine wichtige Rolle. Auch andere Gesänge der Messfeier (*Introitus, Offertorium, Communio*) sind oft aus den Psalmen entnommen.

Grundform

▶ WGF 36, 50

Der Psalm wird – wie andere Lesungen auch – in der Regel solistisch am Ambo vorgetragen. Da es sich bei den Psalmen um Lieder handelt, sollte der Psalm gesungen werden.

Jedem Psalm ist im Lektionar ein passender Kehrvers beigegeben, der die inhaltliche Aussage des Textes nochmals verdichtet. Anders als die rahmenden Kehrverse in der Tagzeitenliturgie, sollten die Kehrverse beim Antwortpsalm sehr kurz sein und sich leicht ins Gedächtnis einprägen.

Der Kehrvers wird zunächst vorgetragen und im Anschluss daran von allen wiederholt. Nach einer variablen Zahl von Versen (zumindest aber am Schluss) wiederholt ihn die Gemeinde abermals.

Gestaltung

Wenn der Psalm nicht gesungen werden kann, kann er notfalls auch gesprochen werden. Dabei ist eine Unterlegung mit Musik denkbar, um im Wortgottesdienst eine Häufung des bloß gesprochenen Wortes zu vermeiden.

Auch auf den Kehrvers kann man nötigenfalls verzichten (man spricht dann von einem *Psalmus in directum*), auch wenn dadurch ein Element der Mitwirkung der Gemeinde an der Verkündigung unterbleibt. Umgekehrt ist es nicht sinnvoll, dass die Gemeinde selbst den Psalm singt, etwa im versweisen Wechsel wie in der Tagzeitenliturgie. Diese Form entspricht mehr dem Gebet als der Verkündigung und ist daher im Rahmen des Wortgottesdienstes unpassend.

Für den Vortrag des Psalms gibt es zahlreiche Möglichkeiten. Anregungen dazu finden sich im DIENSTEBUCH 114–147. Etliche Kantorenbücher stellen Vertonungen verschiedener Schwierigkeitsgrade bereit. Beim Singen ist stets zu beachten, dass der Text und nicht die Melodie im Vordergrund steht. Eine schlichte Rezitation ist daher dem Vortrag angemessener als eine kunstvolle Melodie oder ein allzu formelhaftes Gesangsmodell.

Möglich – wenn auch nicht ideal – ist die Verwendung eines alternativen Psalms. Zusammenstellungen von Psalmen, die sich für bestimmte Zeiten des Kirchenjahres eignen, finden sich in den Anhängen der Lektionare.

Möglich ist ferner, Psalmlieder anstelle des jeweiligen Psalms einzusetzen (z. B. GL 421 anstelle von Ps 23). Die Lieder sollten dann aber ganz gesungen werden, sodass die wesentlichen Aussagen des Psalms auch nachvollziehbar bleiben. Ein Verzeichnis der Psalmlieder findet sich im GOTTESLOB S. 1225ff.

Nur notfalls kann man den Psalm durch ein(e) Lied(strophe) ersetzen. Falls dies dennoch unumgänglich scheint, ist große Sorgfalt auf die Auswahl zu legen. Themen aus der Lesung sollten darin zur Sprache kommen. Hilfreich ist hierbei der THEMENSCHLÜSSEL ZUM GOTTES-

LOB. Ungeeignet sind an dieser Stelle allgemeine Lieder der Rubrik *Wort Gottes* oder gar eine weitere Strophe des Eingangsliedes.

Ausnahmsweise kann auch Stille oder Instrumentalmusik an die Stelle des Psalms treten.

4.8 Zweite Lesung

Erklärung

Die zweite (bzw. mit dem Psalm *dritte*) Schriftlesung im sonntäglichen Wortgottesdienst ist grundsätzlich der neutestamentlichen Briefliteratur entnommen (Ausnahme: an den Ostersonntagen des Lesejahres C werden Abschnitte aus der Offenbarung des Johannes gelesen). Unabhängig von den übrigen Schrifttexten ist diese Lesung an den Sonntagen im Jahreskreis als „ausgewählte Bahnlesung" angelegt.

Unter „ausgewählte Bahnlesung" versteht man eine fortlaufende Schriftlesung, die über mehrere Sonntage hinweg in der Reihenfolge der Texte des biblischen Buches fortgeführt wird. Trotz möglicher Auslassungen wird durch die Bahnlesung ein biblisches Buch in seiner Gesamtheit zu Gehör gebracht.

Hintergrund

Neben den vier Evangelien, der Apostelgeschichte und der Offenbarung des Johannes prägen vor allem die in Briefform verfassten Schriften das Erscheinungsbild des Neuen Testaments.

An ihrer Spitze stehen 13 Briefe, die den Namen des Paulus in der Anschrift tragen oder in einem direkten Bezug zum Völkerapostel stehen. Sie richten sich an bestimmte Gemeinden (Rom, Korinth, Galatien, Ephesus, Philippi, Kollossä, Thessaloniki) oder auch an Einzelpersonen (Timotheus, Titus, Philemon). Da sich die beiden Briefe an Timotheus und der Titusbrief an Gemeindeleiter richten, nennt man diese drei Schreiben auch *Pastoralbriefe* (lat. *pastor – Hirte*).

Innerhalb der *Paulusbriefe* unterscheidet man in der Bibelwissenschaft zwischen solchen, die mit hoher Wahrscheinlichkeit auf Paulus selbst zurückgehen, und den sogenannten „deuteropaulinischen" Schriften, die sich zwar auf die Autorität des Paulus berufen, aber erst von seinen Schülern verfasst wurden. Zu den „echten" Paulusbriefen gehören demnach der Grundbestand des Römerbriefs, der Korintherbriefe, des Galaterbriefs, der Philipperbrief, der erste Thessalonicherbrief und der Philemonbrief. Die Entstehung dieser Briefe ist in die Zeit zwischen der zweiten und dritten Missionsreise des Paulus einzuordnen, also etwa zwischen 51 bis 58 n. Chr. Der älteste Paulusbrief und damit die älteste Schrift des Neuen Testaments überhaupt ist der erste Thessalonicherbrief (ca. 51/52 n. Chr.).

Der Hebräerbrief spielt innerhalb der neutestamentlichen Briefliteratur eine gewisse Sonderrolle. Er wird zwar in den herkömmlichen Bibelausgaben unter die paulinischen Briefe gerechnet, ist jedoch anderer Herkunft. Der Name *Hebräerbrief* nimmt Bezug auf den Inhalt des Dokuments: Die Schrift, die eher an eine Predigt als an einen antiken Brief erinnert, ist mit Blick auf Judenchristen verfasst. Der Autor versucht, auf Grundlage des alttestamentlichen Opferkultes die Person Jesu in der Rolle des endzeitlichen Hohenpriesters darzustellen.

Auf die Gruppe der „echten" Paulusbriefe bzw. der sich auf Paulus berufenden Schriften folgen die sogenannten „Katholischen Briefe" (*katholisch*, weil sie für eine größere Allgemeinheit bestimmt sind). Zu ihnen zählen der Jakobusbrief, die beiden Petrusbriefe, der Judasbrief und die drei Johannesbriefe.

Allen Briefen des Neuen Testaments gemein ist der deutlich erkennbare konkrete Gemeindebezug der Schriften. Vor allem innerhalb der paulinischen Schriften lässt sich ablesen, wie Paulus und seine Schüler auf ganz konkrete gemeindliche Anfragen oder Probleme (z. B. das Verhältnis der christlichen Gemeinde zur heidnischen Umwelt oder die Rolle der Frau in der Gemeinde) reagieren. Das Leben der Gemeinde wird so im Licht des Glaubens betrachtet, Entscheidungen werden gefällt, Streitfälle geklärt. Somit sind diese Schriften ein wichtiges Zeugnis für die Art und Weise, in der in der frühen Kirche Theologie betrieben wurde und Gemeinde in ganz unterschiedlichen gesellschaftlichen und kulturellen Zusammenhängen Nachfolge zu leben versuchte.

Grundform

▶ WGF 36, 50

Eine weitere Lektorin tritt zur Verkündigung der Zweiten Lesung an den Ambo und beginnt mit den Worten:

Lesung aus …

Nach der Lesung kann die Lektorin anfügen:

Wort des lebendigen Gottes.

Die Gemeinde bestätigt dies durch die Antwort:

Dank sei Gott.

Auf der Ebene der Sprechakte ist zu unterscheiden, dass die einleitende Angabe des biblischen Buches informierenden Charakter hat, es sich bei der abschließenden Akklamation aber um eine Glaubensaussage handelt. Eine alternative Schlussformel wie „*Das waren die Worte der zweiten Lesung*“, die ebenfalls bloß informierend wäre, ist daher unangebracht.

Gestaltung

Es kann sinnvoll sein, der Lesung eine kurze Hinführung voranzustellen, die den Zusammenhang der Perikope innerhalb der Bahnlesung erklärt.

Diese Hinführung soll kurz sein und kann von einer anderen Sprecherin oder der Leiterin selbst (nicht am Ambo) vorgetragen werden.

4.9 Ruf vor dem Evangelium

Erklärung

Die Verkündigung des Evangeliums wird vorbereitet durch einen Ruf, mit dem die Gemeinde Jesus Christus begrüßt, der uns im Wort des Evangeliums anspricht.

Hintergrund

Wenn ein Musiker zu seinem Auftritt die Bühne betritt, wird er mit Applaus begrüßt. Bestimmte Sendungen des Rundfunks oder Fernsehens (etwa die Nachrichtensendungen) haben ihre unverwechselbare Erkennungsmelodie (*Jingle*). Beim Ruf vor dem Evangelium geschieht Ähnliches: Er ist gewissermaßen das vorausgehende „Erkennungszeichen" des folgenden Evangeliums oder der „Begrüßungsapplaus" für den im Evangelium zu Wort kommenden Herrn.

Das *Halleluja* (hebr. *Lobet Jahwe*) stammt aus dem jüdischen Gottesdienst. Mit dem Jubelruf wird in der Offenbarung des Johannes das Lamm (Christus) begrüßt als der Sieger über das Böse. Als österlicher Jubelruf kündigt es die befreiende Botschaft vom Sieg des Lebens über den Tod an (Christus ist unser Osterlamm).

Im Christentum wurde der Halleluja-Ruf früh als Auferstehungsgesang verstanden und wurde daher beim Begräbnis als Prozessionsgesang verwendet.

Während der österliche Akzent im Westen vorherrschend blieb und das Halleluja in den vierzig Tagen vor Ostern und interessanterweise auch beim Totengottesdienst deshalb durch andere Christusrufe ersetzt wird, verschob sich in der Ostkirche die Bedeutung des Gesangs aufgrund seiner Verwendung in Richtung Trauer und Buße. Es wird dort das ganze Jahr hindurch gesungen, besonders feierlich aber an Bußtagen und im Totengottesdienst.

Zwischen den Rufen kann ein (biblischer) Vers gesungen werden. Dieser ist oftmals wörtlich dem folgenden Evangelium entnommen oder bereitet ihm durch Anspielungen auf seinen Inhalt den Weg.

Grundform

▶ WGF 36, 51

Es versteht sich von selbst, dass der Halleluja-Jubelruf nicht gesprochen werden kann, sondern des Gesangs bedarf. Da er bereits als einer der Vorbereitungsriten zur Verkündigung des Evangeliums gehört, stehen alle auf.

In der Regel wird der Hallelujaruf von einer Kantorin vorgesungen und von allen wiederholt. Es kann ein (biblischer) Vers folgen, der auf das folgende Evangelium verweist. Abschließend wird der Ruf von allen wiederholt und ggf. durch eine *Coda* (Chorstrophe) verlängert.

▶ Hallelujarufe: GL 174–176,2 | 584,8 | 715–723 | 778

Während der vierzig Tage vor Ostern (und traditionell in Totengottesdiensten) wird das Halleluja nicht gesungen. Vor dem Evangelium wird es durch Christusrufe ersetzt.

▶ Christusrufe: GL 176,3–5 | 305,2 | 584,9 | 560,1 | 644,6 | 296 | 657,5 | 287 | 795

Das Halleluja steht immer unmittelbar vor dem Evangelium. Wenn mehrere Lesungen vorausgehen, wird das Halleluja nach der zweiten/letzten Lesung gesungen.

Wenn nur eine Lesung vorausgeht, folgt ihr der Antwortpsalm, und es schließt sich darauf das Halleluja an. Das Messbuch sieht hier noch weitere Kombinationsmöglichkeiten vor.

Ein Sonderfall ist die Sequenz. An bestimmten Tagen kann vor dem Hallelujaruf ein besonderer Strophengesang eingeschoben werden. Einst wurde die Sequenz (lat. *Folge*) ans Halleluja angehängt.
▶ Ostersonntag: *Singt das Lob dem Osterlamme* (GL 320),
▶ Pfingstsonntag: *Komm herab, o Heilger Geist* (GL 343 | 344 | 781),

- Fronleichnam: *Lobe, Zion, deinen Hirten* (GL 850 | 849),
- Gedächtnis der Schmerzen Mariens (15. September): *Christi Mutter stand mit Schmerzen* (GL 532).

Gestaltung

Neben den oben genannten Halleluja-Vertonungen aus dem GL gibt es selbstverständlich zahlreiche weitere. Von der klassischen Chorliteratur bis hin zum Neuen Geistlichen Liedgut.

Die musikalische Stimmung sollte stets von festlicher Freude geprägt sein – auch wenn in der Fastenzeit das Halleluja durch Christusrufe ersetzt wird.

Vor allem in der österlichen Zeit kann der Antwortpsalm mit dem Kehrvers *Halleluja* zum „Hallelujapsalm" ausgestaltet werden.

Auch ist es inzwischen vielerorts üblich, das Halleluja nach dem Evangelium zu wiederholen. Er wird dabei nicht vor-, sondern gleich von allen gemeinsam und ohne Zwischenvers gesungen. Währenddessen kann das Evangeliar/Lektionar wieder zum „Ort des Buches" gebracht werden.

Vor Aschermittwoch, also z. B. am Karnevalssonntag, dem letzten Sonntag vor der Fastenzeit, kann das Halleluja feierlich verabschiedet werden. Analog bietet sich in der Osternacht eine explizite Ankündigung des Halleluja an.

Das Halleluja ist eigentlich Begleitgesang zur Evangelienprozession. Falls nicht schon eine Prozession zu Beginn des Wortgottesdienstes stattgefunden hat, empfiehlt es sich, das Evangeliar nun vom „Ort des Buches" zum Ambo zu tragen. Kerzen und Weihrauch können die Prozession (auch auf dem Rückweg) begleiten. Die Kerzenträgerinnen bleiben während der Verkündigung neben dem Ambo stehen, Weihrauch- und Schiffträgerinnen dagegen besser hinter der Verkünderin.

4.10 Evangelium

Erklärung

Der Begriff *Evangelium* kommt aus dem Griechischen (*euangelion*) und bedeutet übersetzt *gute Botschaft*.

Auf Jesus und seine „gute Botschaft" schauen, nach seinem Willen für die Gegenwart fragen und gemeinsam weitergehen – darum geht es wesentlich, wenn sich eine Gemeinde zur gottesdienstlichen Versammlung trifft. Deshalb steht im Mittelpunkt des christlichen Gottesdienstes die erneute Ausrichtung an der Botschaft Jesu, wie sie uns die neutestamentlichen Schriften und speziell die Evangelien bezeugen.

Die Evangelienlesungen sind im Allgemeinen in jedem Lesejahr dem Buch eines anderen Evangelisten entnommen, und zwar nach dem folgenden Schema:
Lesejahr A: Matthäus
Lesejahr B: Markus
Lesejahr C: Lukas

An den Sonntagen im Jahreskreis folgen die jeweiligen Evangelienlesungen dem Prinzip der ausgewählten Bahnlesung. Das bedeutet, dass jeweils ein Evangelium von Sonntag zu Sonntag in fortlaufender „Bahn" gelesen wird. Das Johannesevangelium kommt vor allem in den geprägten Zeiten aller drei Lesejahre zur Sprache, also in der Weihnachtszeit, Fastenzeit und Osterzeit.

Hintergrund

Jesus selbst hat kein „Testament“ hinterlassen, er hat nichts aufgeschrieben und auch niemanden damit beauftragt, seine Botschaft schriftlich festzuhalten. Wer sich an ihm orientieren will, ist deshalb auf das Zeugnis von Menschen angewiesen, die es sich nach Ostern zur Aufgabe machten, die Bedeutung der Taten und Worte Jesu für ihre Zeitgenossen zu erschließen. Gleichsam auf ihren Schultern stehen wir Christen heute mit unserem Glauben – mit unserem Bemühen, als einzelne und in Gemeinschaft mit anderen in der Spur Jesu weiterzugehen. Bereits die Evangelisten haben gemerkt, dass dieses „Weitergehen“ im Sinne Jesu lebendige Nachfolge ausmacht. Bei der Abfassung ihrer Evangelien waren sie von der Überzeugung geleitet, dass die Botschaft und das Wirken Jesu nicht nur etwas Vergangenes sind, sondern Bedeutung für die Gegenwart haben.

Es geht also auch heute im Gottesdienst nicht darum, vergangene Geschichten aus dem Leben Jesu zu hören, sondern sie heute zu vergegenwärtigen und nach der Bedeutung des Lebens Jesu und seiner Botschaft für die Gegenwart zu fragen.

Allen Schriften des Neuen Testaments und damit auch der vier Evangelien ist eines gemeinsam: Sie sind unter dem Eindruck der Ostererfahrung entstanden. Sie blicken also auch auf das Wirken des irdischen Jesus mit der gläubigen Überzeugung zurück, dass dieser Jesus von Nazaret nicht im Tod geblieben ist, sondern von Gott auferweckt und erhöht worden ist.

Von daher sind die Evangelien als gläubige Bekenntnisse zu lesen. Sie sind bestimmt für konkrete Gemeinden, deren alltägliche Probleme und Fragen sie im Blick haben. Sie wollen nicht in erster Linie über historische Abläufe im Leben Jesu informieren, sondern zum Glauben an den Auferweckten anregen. Das bedeutet für das Verständnis und für die Anwendung der Evangelientexte: Die angemessene Frage, sich ihnen zu nähern, lautet: Was ist mit dem Erzählten gemeint? Weniger hingegen geht es um die Frage: Ist das (Erzählte) wirklich so geschehen?

Verkündigung

Der älteste Evangelist ist **Markus**. Er verfasst sein Evangelium in den Jahren nach 70 n. Chr. Dies lässt sich deshalb relativ genau bestimmen, weil er in seinem Evangelium die Zerstörung des Tempels in Jerusalem durch die Römer (70 n. Chr.) als bekannt voraussetzt. Markus greift bei der Zusammenstellung seines Evangeliums auf ältere Sammlungen von Erzählungen und auch auf Einzeltraditionen zurück, die er mit eigenen Deutungen anreichert. Der Abfassungsort des Markusevangeliums ist nicht genau zu bestimmen. Die Gemeinde, für die Markus schreibt, bestand wahrscheinlich zum größten Teil aus Menschen, die nicht zuerst Juden waren, ehe sie sich taufen ließen (= Judenchristen) sondern vor ihrer Bekehrung heidnischen Religionen angehörten (= Heidenchristen). Das Markusevangelium kennt keine Kindheitsgeschichten, sondern beginnt mit dem öffentlichen Auftreten Jesu. Dabei kommt es dem Evangelisten vor allem darauf an, die Person Jesu von Nazaret als Sohn Gottes zu deuten. Und ausgerechnet ein heidnischer (!) Hauptmann ist der erste, der unmittelbar nach dem Tod Jesu ein echtes Bekenntnis ausspricht und Jesus als Sohn Gottes bezeugt (Mk 15,39) – ein deutliches und ermutigendes Signal des Evangelisten an seine überwiegend heidenchristliche Gemeinde.

Das **Matthäus**evangelium – zwischen 80 und 90 n. Chr. entstanden – richtet sich hingegen an eine judenchristlich geprägte Gemeinde. Das lässt sich vor allem daraus ersehen, dass sich der Evangelist sehr darum bemüht, Jesus von Nazaret als den im Alten Testament verheißenen Messias darzustellen. Er möchte seiner Gemeinde helfen, sich in dieser entstehenden Kirche von Judenchristen und Heidenchristen zurechtzufinden, ohne die eigene – jüdische – Identität dabei aufzugeben. Als Quellen für sein Evangelium benutzt Matthäus das ältere Markusevangelium und eine zweite Quelle, die vornehmlich aus Einzelworten oder Reden Jesu bestand und deshalb *Spruchquelle* oder kurz Q (= Quelle) genannt wird. Diese Sammlung von Worten Jesu ist noch älter als das Markusevangelium, war dem Markus aber nicht bekannt.

Auch **Lukas** greift in seinem Evangelium auf Markus und Q zurück. Die Abfassungszeit des Lukasevangeliums fällt ebenfalls in die Jahre zwischen 80 und 90 n. Chr. Das Besondere an Lukas ist, dass er ein Doppelwerk verfasst hat. Aus seiner Feder stammt nicht nur das Evangelium, sondern auch die Apostelgeschichte. Ihm ist daran gelegen, mit seinen Erzählungen Schritt zu halten mit anderen antiken griechischen und römischen Geschichtsschreibern. Wie die anderen Evangelisten schreibt auch er in Griechisch. Seine bessere Ausdrucksweise verrät allerdings, dass er sich insgesamt in der griechisch-römischen Welt besser zurechtfand als Matthäus und Markus. Lukas ordnet schon in seiner Kindheitserzählung Jesu Lebensgeschichte in die Weltgeschichte ein (Lk 2,1; 3,1–2). Nach der Erwartung der alttestamentlichen Zeit bricht für Lukas mit Jesus von Nazaret die „Mitte der Zeit" an, die er in seinem Evangelium beschreibt. Auf die Zeit Jesu, die vom Kampf mit dem Satan und der Überwindung des Bösen geprägt ist, folgt im heilsgeschichtlichen Konzept des Evangelisten die Zeit der Kirche, der er seine Aufmerksamkeit mit der Apostelgeschichte widmet. Auffällig ist auch das Jesus-Bild, das Lukas entwirft. Jesu heilendes Wirken wird besonders betont (Lk 5,17; 7,13; 22,51). Aber auch seine besondere Liebe zu den Armen und zu den Sündern (11,41; 12,33; 7,36–50; 19,1–10). Der „lukanische Jesus" verkündet einen Gott, der den „Verlorenen" nachgeht (Lk 15,1–32; 18,10–14) und sich ihrer erbarmt. Es ist ein sympathisches Jesus-Bild, das dieser Evangelist verkündet: Jesus ist der Heiland der Welt, ein menschenfreundlicher und gütiger Zeuge für einen Gott, der uns entgegenkommt wie der Barmherzige Vater seinem Sohn (Lk 15,20).

Die Evangelien des Markus, Matthäus und Lukas weisen so große Übereinstimmungen auf, dass man sie direkt nebeneinander in einer Zusammenschau (griech. *Synopse*) vergleichen kann. Deshalb nennt man sie auch *Synoptiker*.

Dagegen geht das **Johannes**evangelium in seiner Sprache und theologischen Denkweise eigene Wege. Um das Jahr 100 n. Chr. entstanden, setzt es sich intensiv mit einer antiken philosophischen Strömung, der *Gnosis*, auseinander. Von daher ist das Johannesevangelium in seinem Stil oft weniger anschaulich und wirkt „theologischer" oder philosophischer als die Synoptiker, auch wenn Johannes in einem relativ einfachen Griechisch schreibt. Der Evangelist verwendet dabei gerne gegensätzliche Begriffspaare wie Licht—Finsternis, Wahrheit—Lüge, glauben — nicht glauben, erkennen — nicht erkennen (Joh 1,1–18; 3,16–18; 20,30–31) und macht damit deutlich: Mit dem Kommen Jesu ist der Mensch vor die Entscheidung zwischen Glauben und Unglauben gestellt.

Verkündigung

Grundform

▶ WGF 36f, 51

In der Wort-Gottes-Feier ist es normalerweise Aufgabe der Leiterin, das Evangelium zu verkünden. Sie tritt an den Ambo und beginnt mit den Worten:

Aus dem heiligen Evangelium nach N.

Dabei bezeichnet sie den Beginn des Evangeliumstextes im Buch und sodann sich selbst (auf Stirn, Mund und Brust) mit dem Kreuzzeichen.

Die Gemeinde antwortet mit dem Ruf:

Ehre sei dir, o Herr.

Nun kann die Leiterin das Evangeliar mit Weihrauch inzensieren. Dann verkündet sie das Evangelium.

Am Ende des Evangeliums fügt die Leiterin an:

Evangelium unseres Herrn Jesus Christus.

Die Gemeinde antwortet:

Lob sei dir Christus.

Gestaltung

Sinnvoll ist, das Lektionar/Evangeliar beim Einzug feierlich mitzutragen und auf einen eigens dafür vorgesehenen Platz („Ort des Buches" ↗ S. 82) zu stellen, sodass es für die Gemeinde sichtbar ist.

Zur Verkündigung des Evangeliums wird das Lektionar/Evangeliar von dem Ort, an dem es beim Einzug niedergelegt wurde, aufgenommen und in einer Evangelienprozession zum Ambo getragen. Ministrantinnen gehen mit Kerzen und Weihrauch voraus.

Um anzuzeigen, dass es nicht bloß menschliche Worte sind, die verkündet werden, sondern das menschgewordene Wort Gottes selbst, kann das Evangelium wie alle anderen biblischen Texte auch gesungen (kantilliert) werden.

Wenn sich der Text dafür eignet, kann das Evangelium auch mit verteilten Rollen gelesen werden.

Wo das Läuten zum Evangelium (analog zum „Wandlungsläuten") üblich ist, soll es gerade in der Wort-Gottes-Feier beibehalten werden. Wo nicht, könnte man über eine Einführung in der Wort-Gottes-Feier nachdenken.

4.11 Weitere Elemente des Wortgottesdienstes

Gottes Wort steht im Mittelpunkt der Liturgie. Die versammelte Gemeinde lässt sich auf die Verkündigung ein, hört das Wort und tritt dadurch in eine Beziehung zu ihm, die sich in verschiedener Weise darstellen, beantworten und feiern lässt.

Die verschiedenen Formen von Verkündigung, Antwort und Feier ermöglichen großen Gestaltungsspielraum, der Gottesdienste immer wieder neu, aktuell und interessant werden lässt.

Gerade in Wort-Gottes-Feiern bestehen dazu zahlreiche Möglichkeiten, von denen VISN 114f etliche empfiehlt. Einige darin enthaltene Elemente sollen hier kurz vorgestellt werden.

Psalm-Meditation

Im Wortgottesdienst der Form D (VISN 114 u. 124) steht der Psalm im Mittelpunkt. Nach dem Hören des Psalms können eine Psalm-Meditation, Stille und ein Psalmlied folgen.

Die Psalmen als biblische Lieder überliefern einen Gebetsschatz mit verschiedenen Gottesbildern aus unterschiedlichen religiösen Erkenntnisstufen und eignen sich so besonders für eine liturgische Form der Annäherung an Gott.

Für die Verkündigung und die Meditation sind verschiedene Formen denkbar. Sie können einzeln vorkommen, aber auch miteinander verbunden werden.

■ **Verkündigung**

- durch mehrere Lektorinnen: zeilenweise, versweise, abschnittsweise wechselnd,
- größere Pausen nach Sinnabschnitten des Psalmes,
- Rezitieren des Psalm von einem oder verschiedenen besonderen Orten (z. B. Kanzel),
- Singen nach verschiedenen Modellen (z. B. Rezitation, Sprechgesang, Psalmodie, Koloratur ...),

- litheaturgische Darbietung des Psalmes (rufen, flüstern, stottern, schreien, repetieren …),
- Unterlegung des Textes mit Musik.

■ **Meditation**

- Stille,
- musikalische Interpretation mit verschiedenen Instrumenten,
- Wiederholung wichtiger Aussagen,
- gemeinsames Sprechen,
- gleichzeitiges Sprechen im eigenen Rhythmus (durcheinander),
- Lesen einer weiteren Übersetzung, einer Fremdsprache, in biblischem Hebräisch (↗ DIENSTEBUCH 144),mehrstimmiger Gesang, Chormotette.

Längere Lesung

In Gottesdiensten werden biblische Texte grundsätzlich aus dem Zusammenhang gerissen und zuweilen auch gekürzt. Oft wird dadurch das Verständnis behindert. Die Wort-Gottes-Feier, in der die Verkündigung im Mittelpunkt steht, bietet die Möglichkeit, auch einmal längere Passagen aus der Bibel im Zusammenhang zu hören. Eine solche Verkündigung kann einen großen Zeit-Raum in Anspruch nehmen.

Beispiele für längere Perikopen sind die Passionserzählungen am Palmsonntag und Karfreitag oder die Susanna-Geschichte am Montag der 5. Fastenwoche. Denkbar wäre, einmal einen Apostelbrief, ein Prophetenbuch oder das Markusevangelium ganz oder in großen Teilen zu lesen.

Geistliche Lesung *oder* hagiographische Lesung

Um etwa einem Heiligengedenktag ein besonderes Gepräge zu geben, kann die Lesung aus der Heiligen Schrift durch eine Lesung aus anderen Quellen ergänzt werden. Diese können beispielsweise Heiligenlegenden oder Schriften der Heiligen selbst sein. Passend sind auch Auslegungen der Kirchenväter zum jeweils vorangegangenen Bibeltext (www.mariendonk.de – Kirchenvätertexte). Auch geistliche Texte unserer Tage können hier gut ihren Platz finden. Jede Lesung wird traditionell mit einem Gesang, dem sogenannten *Responsorium*, beantwortet.

Diese Form des Wortgottesdienstes stammt aus der Tagzeitenliturgie. Die „Lesehore" wird in den Klöstern gefeiert und steht für das Privatgebet auch im Großen Stundenbuch. In den Lektionaren zum Stundenbuch finden sich zahlreiche Anregungen für geistliche Lesungen.

Bei der Auswahl der Texte – insbesondere bei Heiligenlegenden – ist darauf zu achten, dass diese nicht theologisch problematisch oder schwer verständlich sind.

Responsorium

Anders als der Psalm nach einer Schriftlesung ist das Responsorium keine Verkündigung, sondern Antwort, Akklamation und Reflexion auf das vorher Gehörte.

Klassisch ist das Responsorium ein kurzer Wechselgesang, dessen Kehrvers in der Mitte gekürzt wird. Beispiele finden sich in den Stundengebetsformularen des GOTTESLOB, z.B. 616,8 oder 630,4. Aber auch andere meditativ-kreisende Gesänge (Kanons, Taizé-Lieder ...) wären hier passend.

Stille

Bei Umfragen zu Gottesdiensten wird regelmäßig der Wunsch nach mehr Stille geäußert. Der ständige Wortschwall unserer Gottesdienste lässt viele Menschen unbefriedigt zurück. Dennoch tun sich manche mit Stille in der gottesdienstlichen Versammlung schwer. Gleichzeitig spüren sie eine Sehnsucht danach. Aufgabe einer guten Gottesdienstregie kann es also sein, die Versammlung in eine erfüllende Stille zu führen.

Wer still sein kann, schaltet sein Herz auf Empfang und nimmt tiefer wahr, was innen und außen vor sich geht. „Erst das Schweigen tut das Ohr auf für den inneren Ton in allen Dingen", weiß Romano Guardini.

Stille nach Lesungen dient vor allem dazu, die vernommenen Gedanken zu verinnerlichen. Stille kann aber auch dem Gebet gewidmet sein – *kurz* etwa nach der Aufforderung *„Lasset uns beten"*, *lang* im Rahmen einer Anbetung. Sinnvoll kann es sein, stille Zeiten im Gottesdienst anzukündigen (*„Wir halten ein paar Minuten Stille ..."*) oder mit einem akustischen Zeichen (z. B. Klangschale) einzuleiten.

Von der Stille zu unterscheiden, aber nicht weniger wichtig, sind Zäsuren, die verhindern, dass liturgische Elemente nahtlos ineinander übergehen. So soll das Orgelvorspiel zum Antwortpsalm nicht bereits beginnen, wenn der Ruf der Gemeinde nach der Lesung noch nicht verklungen ist. Ebenso soll eine Leiterin nicht schon ein *„Lasset uns beten"* in den verhallenden Schlussakkord eines Liedes sprechen. Meist reicht ein Atemzug als Zwischenraum. Eine solche Abstandsregel ist auch ein Zeichen gegenseitigen Respekts.

4.12 Auslegung und Deutung – Homilie

Erklärung

Die Auslegung und Deutung der Schrift und der Liturgie kann auf verschiedene Weise geschehen:

- Predigt (Homilie),
- Lesepredigt,
- Dialogpredigt/Predigtgespräch,
- geistliches Spiel,
- Glaubenszeugnis Einzelner,
- Geistlicher Impuls (Wechsel von geistlichen Gedanken und Stille),
- bildliche, musikalische oder andere kreative Elemente.

Hier soll zunächst die Homilie besprochen werden. Der Begriff *Homilie* kommt aus dem Griechischen und bedeutet *vertraute/vertrauliche Unterredung*.

Er bezeichnet die Auslegung der Schrifttexte (oder anderer liturgischer Texte des jeweiligen Tages bzw. der Liturgie selbst und ihrer Riten), die sich im Wortgottesdienst an den Vortrag der biblischen Lesungen anschließt.

Im gängigen Sprachgebrauch redet man normalerweise nicht von der Homilie, sondern spricht von der *Predigt*. Predigt ist jedoch der weitere Begriff: Eine Predigt muss nicht unbedingt Teil der Liturgie sein (es gibt z. B. etwa die Missionspredigt) und deren Schrifttexte oder andere liturgische Elemente auslegen (es gibt z. B. die Predigt über ein theologisches oder aktuelles Thema).

Eine Homilie ist dagegen in die Liturgie eingebunden und will die Schrifttexte, Worte oder Zeichen der Liturgie für ein Leben aus dem Glauben fruchtbar machen. Da die Schrifttexte eine Auslegung in unsere Zeit hinein brauchen, ist die Homilie wesentlicher Bestandteil der Verkündigung.

Wenn in kirchenamtlichen Bestimmungen und kirchlichen Verlautbarungen von Homilie gesprochen wird, ist meist die Homilie innerhalb des Wortgottesdienstes der Messe gemeint. Die liturgischen Bücher sprechen jedoch auch bei anderen sakramentalen Feiern, bei der Tagzeitenliturgie und der Begräbnisfeier von Homilie. Nicht allen diesen Gottesdiensten muss unbedingt ein Priester oder Diakon vorstehen. Es ist sinnvoll, auch bei der Wort-Gottes-Feier von Homilie zu sprechen, da auch hier ein Schrifttext oder ein anderes liturgisches Element ausgelegt wird und eine Einbindung in die Liturgie gegeben ist.

Hintergrund

Die Texte der Heiligen Schrift sind in eine bestimmte Zeitsituation hineingesprochen bzw. hineingeschrieben. Die Hörer, die in einer anderen Zeit oder anderen Umwelt stehen, brauchen daher stets eine Auslegung, die ihnen hilft, die Aktualität dieser Texte für ihre derzeitige persönliche Situation zu entdecken.

Aus den ersten christlichen Jahrhunderten sind zahlreiche Homilien zu christlichen Festen, zu Gedenktagen von Märtyrern und anderen Heiligen, zu alttestamentlichen und neutestamentlichen Schriften und zu einzelnen Perikopen überliefert. Die Homilie war Sache des Leiters, vor allem des Bischofs, wurde später aber auch den Presbytern und Diakonen übertragen. Homilien einfacher Mönche oder Laien waren umstritten.

Seit der Zeit der Karolinger (um 800) wurde die Predigt mehr und mehr dadurch ersetzt, dass man Homilien der Kirchenväter vorlas oder in der Volkssprache frei wiedergab. Zu neuer Blüte gelangte die Predigt im Hochmittelalter mit den Bettelorden, allerdings nicht als Wiederbelebung der Homilie in der Liturgie, sondern als eventhafte Predigt auf Marktplätzen oder in Kirchen. Heiligengeschichten wurden farbig ausgemalt, Moral und rechter Glaube eingeschärft oder es wurde gar für Kreuzzüge geworben. Predigten waren eine Art „Volksmission“ und standen nur in einem sehr lockeren Bezug zum Gottesdienst.

Innerhalb der in lateinischer Sprache gefeierten Messe entwickelte sich um die Predigt ein muttersprachlicher Block, der immer mehr zur Herauslösung der Predigt aus der Liturgie führte: Die Kanzel rückte ins Kirchenschiff, die Altarkerzen wurden während der Predigt gelöscht, der Prediger legte häufig sogar das Messgewand ab, man begann die Predigt mit dem Kreuzzeichen, als ob es sich um eine eigene, getrennte liturgische Form handle – eine Praxis, die auch heute noch mancherorts zu beobachten ist.

Das Zweite Vatikanische Konzil hat diese Fehlentwicklung korrigiert und betont: Die Homilie ist ein Teil der Liturgie selbst, und zwar ein sehr wichtiger. „Die Homilie, in der im Laufe des liturgischen Jahres aus dem heiligen Text die Geheimnisse des Glaubens und die Richtlinien für das christliche Leben dargelegt werden, wird als Teil der Liturgie selbst sehr empfohlen. Ganz besonders in den Messen, die an Sonntagen und gebotenen Feiertagen mit dem Volk gefeiert werden, darf man sie nicht ausfallen lassen, es sei denn, es liege ein schwerwiegender Grund vor." (SC 52) Und das Messbuch erklärt zur Aufgabe der Homilie: „Sie soll unter Berücksichtigung des Mysteriums, das gefeiert wird, und der besonderen Bedürfnisse der Hörer die Schriftlesungen oder andere Texte der Tagesmesse ... unter einem bestimmten Gesichtspunkt auslegen." (AEM 41) Auch WGF 21 geht davon aus, dass sich an die Schriftlesungen die *Auslegung und Deutung des Wortes Gottes* anschließt.

Dabei geht es – wie im gesamten Verkündigungsteil – auch in der Predigt um Gottesgegenwart. Christus ist in seiner Kirche gegenwärtig, wenn sie predigt (Paul VI. Enzyklika Mysterium fidei 227). Der Prediger leiht dem Schriftwort nicht nur seine Stimme, sondern seine Sprache und alle Erfahrungen, die darin eingegangen sind. Er leiht ihm seine ganze Persönlichkeit. Er wird „Gottes Wort in Person" (Karl-Heinrich Bieritz).

Voraussetzung dafür ist eine eigene spirituelle Erfahrung. Der Prediger muss zunächst Hörender und Betender sein. Zudem muss er wach sein für Freude und Hoffnung, für Trauer und Angst seiner konkreten

Gottesdienstgemeinde. Er muss also mit Gott und den Menschen in Beziehung stehen (↗ S. 37).

Die Neufassung des kirchlichen Gesetzbuches von 1983 erlaubt im Gegensatz zum bis dahin gültigen Kirchenrecht, dass zur Predigt in einer Kirche oder Kapelle Laien zugelassen werden können. Gleichzeitig wird jedoch betont, dass die Homilie in der Messe dem Priester oder dem Diakon vorbehalten ist (vgl. CIC can. 766 u. 767 §1). In die gleiche Richtung äußert sich die römische *Instruktion zu einigen Fragen über die Mitarbeit der Laien am Dienst der Priester* vom 15. 8. 1997: „Die Homilie außerhalb der Meßfeier kann von Laien in Einklang mit dem Recht und unter Beachtung der liturgischen Normen vorgetragen werden." (Artikel 3, §4)

Grundform

▶ WGF 25f

Die Homilie beginnt in der Regel mit der Anrede der Hörer, z. B.:
- Liebe Schwestern und Brüder!
- Liebe Schwestern und Brüder im Glauben!
- Liebe Mitchristen!
- Liebe Gemeinde!

Der Ort der Homilie ist normalerweise der Ambo.

Gestaltung

Den Glauben zu leben und davon Zeugnis zu geben – das ist nach urchristlicher Auffassung und nach den Texten des Zweiten Vatikanischen Konzils Aufgabe aller Christen, nicht nur Sache geweihter Amtsträger oder theologischer und pastoraler „Experten". *Experte* heißt auf deutsch *Erfahrener*; und Erfahrungen mit dem Glauben macht jeder Christ, der seinen Glauben bewusst im Alltag zu leben versucht – auch wenn er sich nicht als theologischer und pastoraler „Experte" wissenschaftlich mit Bibel, kirchlicher Tradition und heutiger Situation beschäftigt hat. Ein Glaubenszeugnis eines engagierten Christen wirkt oft viel überzeugender und ansteckender als die

Ausführungen einer hauptberuflich in der Kirche tätigen Person. Von daher sollten sich Gottesdienstbeauftragte durchaus zutrauen, das zu formulieren, was ihnen an ihrem Glauben wichtig geworden ist.

Andererseits gilt: Texte der Schrift im Rahmen einer liturgischen Feier auf das Leben der Hörer hin auszulegen, ist eine anspruchsvolle Aufgabe. Textgerecht und ansprechend zu predigen, setzt eine entsprechende Ausbildung und Einübung voraus. Priester und Pastoralassistentinnen erwerben sich die Fähigkeit zum Predigen durch eine jahrelange praxisbezogene Ausbildung. Der Ausbildungsgang zur Gottesdienstbeauftragten befähigt nur sehr begrenzt zur Ausarbeitung einer Homilie. Auch die angebotenen Fortbildungskurse können nur einige grundlegende Anhaltspunkte vermitteln. Diese Grenzen gilt es bei der Gestaltung der Homilie im Blick zu haben.

Wer keine Predigtausbildung besitzt, tut gut daran, auf Vorlagen zurückzugreifen. Das Liturgiereferat Würzburg stellt für jeden Sonntag eine *Lesepredigt* zur Verfügung. Auch zahlreiche Verlage bieten Vorlagen für die sonntägliche Homilie an. Dabei ist es wenig sinnvoll, eine solche Vorlage unverändert zu übernehmen. Die Hörer werden bald spüren, dass es nicht die eigenen Formulierungen und Gedanken sind und das Gesagte oftmals nicht zur vortragenden Person passt.

Die Vorlage sollte daher stets der persönlichen Sprechweise und Gedankenwelt angepasst werden: Es ist ratsam, die Predigtvorlage anhand der Frage durchzugehen: Wie würde ich die vorgelegten Gedanken mit meinen Worten formulieren? Auch ist es sinnvoll, die in der Vorlage enthaltenen Beispiele und Konkretionen durch Beispiele und Konkretionen aus meinem eigenen Erfahrungsbereich zu ersetzen. Die Homilie wird dadurch glaubwürdiger. Wichtig ist darüber hinaus, sich die so veränderte Vorlage zu eigen zu machen, damit sie nicht abgelesen wirkt.

Ungünstig ist es, eine Vorlage durch eigene neue Gedanken zu ergänzen, die über den Aussagegehalt der Vorlage hinausgehen. Eine gute Predigt zeichnet sich nämlich dadurch aus, dass man in einem Satz sagen kann, worauf sie abzielt. Die Fachleute sprechen vom sogenannten *Zielsatz.* (Beispiel: *Ich möchte meine Hörer ermutigen, darauf zu vertrauen, dass Gott mit jedem Menschen einen persönlichen Lebensweg geht, auch wenn dieser manchmal nicht den „gut christlichen" Vorstellungen entspricht.*) Ein neues Predigtziel hinzuzufügen, führt leicht zur Verwirrung bei den Hörern, und weder das eine noch das zusätzliche Ziel hat eine Chance auf Verwirklichung. Wer den Text erschöpfen will, erschöpft die Hörer!

Scheinen alle Vorlagen nicht zu mir und meinen Hörern zu passen und Veränderungsversuche helfen auch nicht weiter, könnte eine sinnvolle Alternative sein, mit eigenen Worten in wenigen kurzen Sätzen zu formulieren, was mir an den gehörten Schrifttexten besonders wichtig ist. Diese Gedanken sollten keinesfalls belehrend, vorschreibend oder „von oben herab" sein, sondern einladend und anregend. Ich rede als Mitchrist zu Mitchristen, die sich ebenso wie ich um ein Leben aus dem Glauben bemühen.

Eine weitere Alternative könnte ein meditativer Text sein, der einen Gedanken aus den Lesungen oder aus dem Festgeheimnis aufgreift und ihn poetisch von verschiedenen Seiten aus betrachtet. Diese Form der *„doxologischen* (lobpreisenden) Predigt" ist vor allem in den Ostkirchen üblich. Auch die lutherische Tradition kennt die künstlerische Verkündigung durch Musik im sogenannten Kantatengottesdienst.

In einem Gottesdienst im kleinen Kreis ist es oft angemessen, die Homilie durch ein Schriftgespräch zu ersetzen. So kann man sich gegenseitig mitteilen, was einen am Schrifttext angesprochen hat.

Günstig ist es, wenigstens an irgendeiner Stelle der Homilie die anwesenden Kinder anzusprechen. Dabei kann auch ein Dialog entstehen. Falls Fragen gestellt werden, sollten sie jedoch so formuliert sein, dass jedes Kind die Möglichkeit hat zu antworten (Beispiele: „Was machst du gern in deiner Freizeit? Worauf freust du dich besonders, wenn du an Weihnachten denkst?"). Es sollte keine Wissensabfrage sein (Beispiele: „Wer weiß, was ein Märtyrer ist? Wisst ihr, wie unser Bischof heißt?").

Unter Umständen kann es hilfreich sein, Bilder oder Symbole in die Homilie einzubeziehen (Beispiel: anhand einer Scherbe darüber sprechen, was in unserem Leben zu Bruch geht und wie man damit umgehen kann). Dabei ist einerseits darauf zu achten, nicht Bilder aus den vorangehenden Schriftlesungen zu wiederholen. Andererseits müssen die Gegenstände groß genug (oder der Gemeinderaum überschaubar genug) sein, um von den Hörern auch gesehen werden zu können.

Die Homilie soll zunächst das Wort Gottes auslegen. Oft sind in den Lesungen schon gute Geschichten enthalten, die nicht durch eine weitere innerhalb der Predigt in den Schatten gestellt werden sollten. Gleichwohl kann es sinnvoll sein, eine Kurzgeschichte als „Aufhänger" zu benutzen.

Auch Dialoge, Spielszenen oder musikalische Elemente können bereichernd sein.

Die Homilie findet als Teil der Verkündigung normalerweise am Ambo statt. Die Leiterin kann aber auch vom Leitungsort aus stehend predigen. Ferner kann es angebracht sein, mitten unter die Mitfeiernden zu treten.

Viele Prediger beenden die Homilie mit *„Amen"*. Das ist umstritten, da das *Amen* eigentlich die bestätigende Antwort der Gemeinde auf ein Gebet ist.

5 ANTWORT DER GEMEINDE

Erklärung

Nach dem Hören des Wortes Gottes im Wortgottesdienst erfolgt nun die Antwort der versammelten Gemeinde. Dies entspricht einerseits der dialogischen Grundstruktur eines jeden Gottesdienstes. Andererseits geht es dabei darum, dass der Mensch als Hörer des Wortes seine Antwort auf Gottes wirkmächtiges Wort gibt. Diese Antwort kann auf ganz verschiedene Weise geschehen. Sie ist möglich vonseiten des Einzelnen oder der ganzen Gemeinde.

Der Teil *Antwort der Gemeinde* wurde als solcher als neues liturgisches Element in die Wort-Gottes-Feier aufgenommen und ist immer noch im Wandel. So entfällt beispielsweise im GOTTESLOB (2013) die Differenzierung zwischen sonntäglichen und wochentäglichen Antwortelementen, wie sie die Rollenbücher WGF und VISN vorsahen.

In jedem Fall müssen die einzelnen Antwortelemente für jeden Gottesdienst von der Gottesdienstbeauftragten ausgewählt werden. Dies bedeutet umgekehrt, dass mit dem Antwortteil grundsätzlich kreativ umgegangen werden kann.

Im Antwortteil gibt es fakultative Elemente, von denen eines ausgewählt werden kann. Daneben gibt es auch obligatorische Elemente, die zum Grundbestand einer Wort-Gottes-Feier gehören.

Hintergrund

Im Verkündigungsteil hat die Gemeinde die Zuwendung Gottes erfahren. Diese Zuwendung löst im Menschen etwas aus: Sein Herz entbrennt (vgl. Lk 24,32). Das drängt ihn, sich auszudrücken in Lobpreis, Dank und Bitte.

Dies ist auch biblisch vielfach bezeugt. „An vielen Stellen berichtet die Heilige Schrift davon, wie Menschen durch ihr Tun und mit Worten auf Gottes Wort reagieren: Gläubiges Vertrauen spricht aus der Antwort Abrahams auf Gottes Verheißung. Selbstrechtfertigung spricht aus den Worten Adams nach dem Sündenfall im Paradies. Widerspruch und Auflehnung zeigen sich im Ringen des Ijob mit Gott. Gehorsam zeigt sich in der Antwort des Jesaja auf Gottes Ruf." (WGF 13)

Im Neuen Testament antwortet Maria auf Gottes Wort in ihrer Bereitschaft, sich selbst in den Dienst des ewigen Logos zu stellen, damit er durch sie Mensch werden kann. Auch die Jünger folgen der Berufung des Gottessohnes und so wird durch ihre Antwort das Werden der Kirche möglich.

Durch unsere Antwort auf Gottes Anspruch wird also die versammelte Gemeinde zur Kirche Gottes. So kann Gottes Reich und unsere irdische Wirklichkeit in der Feier der Liturgie zusammenfallen.

Für eine solche Antwort reicht die verbale Sprache oft nicht aus. Um dem Unsagbaren zu begegnen, können Zeichen, Symbole und Rituale helfen. Im Umgang mit ihnen wird die innere Haltung des Menschen äußerlich sichtbar.

Grundform

▶ WGF 37ff, 52ff

▪ Antwort der Gemeinde (an Sonn- und Feiertagen)

A) Glaubensbekenntnis
B) Predigtlied
C) Taufgedächtnis (Form A)
D) Schuldbekenntnis und Vergebungsbitte
E) Segnungen, die zum Sonn-(Fest-)tag gehören

Friedenszeichen

Kollekte

Lobpreis und Bitte

- Sonn-(Fest-)täglicher Lobpreis
- Hymnus
- Fürbitten (Allgemeines Gebet)
- Vaterunser
- Loblied/Danklied

▪ Antwort der Gemeinde (an Wochentagen)

a) Verehrung des Wortes Gottes
b) Lied
c) Wechselgebet
d) Schuldbekenntnis und Vergebungsbitte
e) Friedensgruß

Fürbitten (Allgemeines Gebet)

Vaterunser

Lied

Da die Schemata für Sonn- und Feiertage einerseits sowie für die Wochentage andererseits jeweils fünf Auswahlelemente vorsehen, kann man bei der Antwort der Gemeinde nur bedingt von „*der* Grundform" sprechen. Das liegt zum einen daran, dass die Wort-Gottes-Feier aufgrund der weiteren Erfahrungen dieser Gottesdienstform noch entfaltet und entwickelt werden kann. Zum anderen fordert die zunehmende Pluralisierung des Lebens eine große Bandbreite liturgischer Möglichkeiten. Dies zeigt z. B. die unterschiedslose Zusammenstellung sonn- und wochentäglicher Antwortelemente unter GL 670.

Gestaltung

Aus den fakultativen Elementen A–E bzw. a–e ist jeweils auszuwählen. Im GOTTESLOB sind auch *Friedenszeichen* und *Lobpreis* den fakultativen Elementen zugeschlagen (vgl. GL 670).

Bei aller kreativen Freiheit ist darauf zu achten, dass der „liturgische Spannungsbogen" nicht durch zu viele Riten und Symbole unterbrochen wird. Oft gilt auch für die Liturgie: „Weniger ist mehr!"

FAKULTATIVE ANTWORTELEMENTE

5.1 Glaubensbekenntnis
(sonn- und feiertags)

Erklärung

Das Glaubensbekenntnis ist die bekennende Zusammenfassung der wichtigsten Inhalte des christlichen Glaubens. Nach dem ersten Wort der lateinischen Fassung wird es auch als *Credo* (lat. *Ich glaube*) bezeichnet.

Das Credo gehört ursprünglich zur Taufliturgie und ist erst langsam von den orientalischen Kirchen über die Liturgie des Frankenreiches auch in die römische Messe gelangt. Seit der Jahrtausendwende wird es an Sonn- und Feiertagen als Abschluss des Wortgottesdienstes gesprochen.

In der Liturgie kommt das Credo in drei Fassungen vor:

- Das „Große" Glaubensbekenntnis wurde 325 auf dem Konzil von Nicäa beschlossen und 381 auf dem Konzil von Konstantinopel überarbeitet und erweitert. Man nennt es daher auch „Nicäno-Konstantinopolitanisches Glaubensbekenntnis". Dieser Text wird fast wortgleich auch von den Ostkirchen verwendet.
- Das Apostolische Glaubensbekenntnis ist das ursprüngliche Taufbekenntnis der römischen Kirche, das in karolingischer Zeit erweitert wurde.
- Daneben gibt es auch eine dialogische Form des Taufbekenntnisses, bei der im Frage-Antwort-Schema das Bekenntnis abgefragt wird. Dies ist vor allem im Rahmen von Taufe und Firmung und entsprechend auch in der Osternacht üblich.

Hintergrund

Das Glaubensbekenntnis ist eine Form der Antwort auf das Wort Gottes. Die Gemeinde antwortet mit dem Bekenntnis ihres Glaubens und ruft sich die wesentlichen Glaubenswahrheiten in Erinnerung. Das gemeinsame Bekennen der gemeinsam geglaubten Inhalte hat eine gemeinschaftsbildende Kraft.

Auffällig ist, dass das Glaubensbekenntnis im Gegensatz zu den anderen Texten der Liturgie nicht in der Wir-Form, sondern in der Ich-Form verfasst ist. Hier zeigt sich, dass der ursprüngliche Platz des Glaubensbekenntnisses die Feier der Taufe ist, in der der Täufling sich persönlich zum Glauben bekennt. Die deutsche Übersetzung hat die Ich-Form beim Apostolischen Glaubensbekenntnis belassen, beim Großen Credo aber in die Wir-Form verändert.

Im Glaubensbekenntnis bekennen sich die Christen zum dreifaltigen Gott. Daher ist es dreigliedrig aufgebaut:
- Glaube an Gott, den Vater,
- Glaube an Jesus Christus,
- Glaube an den Heiligen Geist.

Das Glaubensbekenntnis stammt aus dem christlichen Altertum. Es entstand lange vor der Zeit, als Ostkirchen und Westkirche sich trennten (1054) und lange Zeit vor der Reformation (16. Jhd.). Daher ist es grundsätzlich auch ein verbindendes Element über die konfessionellen Grenzen zwischen Ostkirchen, reformatorischen Kirchen und römisch-katholischer Kirche hinweg.

Gleichwohl wurde eine abweichende Formulierung im lateinischen nicäno-konstantinopolitanischen Glaubensbekenntnis als Begründung für die Aufkündigung der Kirchengemeinschaft durch den Osten im Jahr 1054 herangezogen. Die römische Kirche hatte beim Glaubenssatz über den Heiligen Geist in karolinigischer Zeit das Wort „filioque“ hinzugefügt. Sie bekannte also fortan, dass der Heilige Geist nicht nur vom Vater, sondern auch vom Sohn ausgehe. Grund für die Orthodoxie, die römische Kirche der Irrlehre zu bezichtigen. Im 20.

Jahrhundert konnten die theologischen Fragen geklärt werden, doch die Kirchentrennung besteht weiterhin.

Im ökumenischen Miteinander bereitet zudem oft das Bekenntnis zur „einen, heiligen, *katholischen* und apostolischen Kirche“ Probleme. Mit dieser Formulierung sind vier Wesensmerkmale der Kirche Christi benannt. *Katholisch* ist die Kirche nicht in einem konfessionellen Sinn (wie *orthodox* oder *evangelisch*), sondern der Wortbedeutung nach *universal, allumfassend, alles Wesentliche beinhaltend.*

Grundform

▶ WGF 37, 52

Die Texte der Glaubensbekenntnisse finden sich im GOTTESLOB unter den Nummern 586 und 3,4 sowie 573,8.

Das Glaubensbekenntnis ist typisches Element der Liturgie an Sonntagen, Hochfesten und bei anderen festlichen Gottesdiensten. In der Wort-Gottes-Feier ist es fakultativ.

Gestaltung

Das Glaubensbekenntnis wird dem Wesen des Textes nach gesprochen. Doch selbstverständlich gibt es zahlreiche Melodien, die eine gesungene Ausführung ermöglichen. Dabei werden die einzelnen Sätze meist abwechselnd von Vorsängerin und Gemeinde vorgetragen. Auch der Vortrag durch Einzelne und die Bekräftigung durch einen Gemeindevers ist möglich.

An die Stelle der Originaltexte kann auch ein Credo-Lied treten, das den Inhalt des Glaubensbekenntnisses kurz gefasst wiedergibt. Es sollte jedoch nicht irgendein Lied sein, das vom Bekennen des Glaubens spricht, sondern den Glauben an Gott, den Vater, an Jesus Christus und an den Heiligen Geist ausdrücklich bekennt.

- Großes Credo lateinisch: GL 122
- Großes Credo deutsch: GL 180
- Apostolisches Glaubensbekenntnis: GL 177–179
- Credolieder: GL 354 | 355 | 787 | 789–791

Das Neue Geistliche Liedgut enthält kaum geeignete Lieder. Es gibt jedoch eine Reihe von Texten, die die Inhalte des Glaubensbekenntnisses in die Sprache unserer Zeit hinein übersetzen und auf konkrete Situationen unserer Tage beziehen. Vor allem bei Gottesdiensten mit Jugendlichen können solche Texte eine sinnvolle Alternative sein. Allerdings ist auch zu bedenken, dass die Gemeinde sich vor allem mit den traditionellen Worten des Bodens der gemeinsamen Glaubenstradition vergewissert.

5.2 Taufgedächtnis
(sonn- und feiertags)

Erklärung

Das Taufgedächtnis kann in der Liturgie an verschiedenen Stellen und in unterschiedlichen Formen stattfinden. Schon das Bekreuzigen mit Weihwasser beim Eintreten in der Kirche stellt eine kleine Form des Taufgedächtnisses dar. In der sonntäglichen Messfeier kann es den Bußakt ersetzen bzw. auf die Predigt folgen (Osternacht).

Beim Taufgedächtnis geht es um ein Verinnerlichen der Taufe. Die Feiernden gedenken ihrer Taufe und deuten dieses Geschehen als ein wichtiges Ereignis ihres Lebens.

Hintergrund

Die Tauferinnerung vor dem sonntäglichen Hauptgottesdienst entwickelte sich aus dem Brauch der Häusersegnung, die im frühen Mittelalter üblich war und in den Klöstern mit großer Regelmäßigkeit vor der Messe stattfand. Hierzu wurde Wasser gesegnet, die Antiphon *Asperges me* (Ps 51,9) gesungen und eine Oration gebetet. Erst mit der Aufnahme ins Messbuch trat das Motiv des Taufgedächtnisses in den Vordergrund.

Durch das Sakrament der Taufe wird der Mensch als Christ in die Gemeinschaft der Kirche eingegliedert. Liturgie als Feier der Kirche setzt daher die Taufe voraus. Das Bewusstmachen der Taufe gehört deshalb zur Liturgie. Findet dieses nicht als eigenes Ritual statt, so wenigstens beim Betreten des Kirchenraumes durch das Bekreuzigen mit Weihwasser.

Die Taufspendung erfolgt im Namen des dreieinigen Gottes, des Vaters und des Sohnes und des Heiligen Geistes. Somit ist die Erinnerung an die Taufe gleichzeitig ein Verinnerlichen des christlichen Gottesbildes und das Gewahrwerden von Gottes Gegenwart überhaupt.

Drei rituelle Formen sind beim Taufgedächtnis ihrer Aussageabsicht nach zu unterscheiden:

- Die Gemeinde wird mit Wasser besprengt,
- die Vorsteherin bezeichnet die Gläubigen kreuzförmig mit Wasser (z. B. auf Stirn oder Hand),
- die Gläubigen bekreuzigen sich selbst.

Während die aktive Handlung eher Bekenntnischarakter besitzt, entspricht die passive Haltung eher dem Taufgeschehen selbst: In der Taufe wird der Mensch in den Bund Gottes hineingenommen. Er kann dies nicht selbst tun, sich nur dafür öffnen und es geschehen lassen. Die passive Haltung steht demnach mehr für ein Taufgedächtnis, die aktive Handlung mehr für eine Erneuerung des Taufbekenntnisses.

Grundform

▶ WGF 38, 52f

Das Rollenbuch sieht zwei verschiedene Formen des Taufgedächtnisses vor (WGF 186–189).

FORM A

- Einführung
- Prozession zum Taufbrunnen bzw. Herbeibringen eines Gefäßes mit Wasser
- Oration
- Austeilung des Wassers (evtl. Begleitgesang)

Die schlichtere Form A empfiehlt sich für die Sonntage im Jahreskreis. Sie kann als zusätzliches Element im Rahmen der Eröffnung (vor den Christusrufen) oder als Antwortelement verwendet werden (WGF 187f).

FORM B

- Einführung
- Prozession zum Taufbrunnen bzw. Herbeibringen eines Gefäßes mit Wasser
- Lobpreis über dem Wasser
- Erneuerung des Taufbekenntnisses: Glaubensbekenntnis
- Austeilung des Wassers (Begleitgesang)

Die Form B wird gewählt, wenn der Gedanke der Taufe im Gottesdienst einen besonderen Akzent darstellt. Es werden keine weiteren Antwortelemente verwendet und es entfallen der Sonn-(Fest-)tägliche Lobpreis samt Hymnus (WGF 187).

Während des Taufgedächtnisses stehen alle. Man muss aufrichtig zu dem stehen, wozu man sich bekennt.

Gestaltung

Die gemeinsame Prozession zum Taufbrunnen verdeutlicht die bewusste Hinwendung zu Christus. Sie ist allerdings nur möglich, wenn am Taufort genügend Platz ist für die ganze Gemeinde. Andernfalls kann ein Wassergefäß an einem zentralen Ort aufgestellt werden. Eindrucksvoll kann es sein, das Gefäß / die Schale erst zu Beginn des Taufgedächtnisses aus einem Krug zu befüllen. Das Plätschern macht das Wassersymbol bereits hörbar.

Falls bei der Austeilung des Wassers die Form der kreuzförmigen Bezeichnung durch die Vorsteherin gewählt wird, kann sie diese mit einem persönlichen Wort verbinden.

Als Worte eignen sich z. B.:

- Du bist getauft und Gott geweiht.
- Du bist Kind Gottes.
- Empfange das Wasser des Lebens. (vgl. Offb 22,17)
- Der Herr ist die Quelle des Lebens. (vgl. Ps 36,10)
- Schöpfe voll Freude aus den Quellen des Heils. (vgl. Jes 12,3)

Als Begleitgesänge eignen sich z. B.:

- 491, 846, 847 (Tauflieder),
- 483,1, 484,1, 488,1, 329,3,
- 264,4 (Buße), 90,5 (Abend) oder
- Lieder zur Wasser-Thematik.

Ein passendes Wechselgebet findet sich unter GL 676,7

Vorschläge für besondere Termine, an denen ein Taufgedächtnis sinnvoll sein kann, sind im Rollenbuch zusammengestellt (WGF 186). Darüber hinaus sollte ein Taufgedächtnis immer dann im Gemeindegottesdienst stattfinden, wenn in der betreffenden Kirche am selben Sonntag getauft wird.

5.3 Schuldbekenntnis und Vergebungsbitte

Erklärung

Neben dem Sakrament der Versöhnung gibt es in gemeinsamen Feiern unterschiedliche Formen der Besinnung, des Schuldeingeständnisses und der Bitte um Vergebung. Wir kennen z. B. den Bußakt am Beginn der Messfeier, der in verschiedenen Formen vollzogen werden kann. Aber auch das *Vaterunser* enthält eine Bitte um Vergebung.

Bei der Komplet, dem letzten Gottesdienst des Tages, haben Besinnung und Schuldbekenntnis ebenfalls ihren Platz zu Beginn der Feier.

Mit der theologischen Neukonzeption der Wort-Gottes-Feier findet sich das Schuldbekenntnis nicht mehr im Eröffnungs-, sondern im Antwortteil. Getroffen von Gottes Wort wird dem Menschen seine Schuld bewusst und er bittet um Vergebung.

Hintergrund

Das Schuldbekenntnis, welches zusammen mit vorangehender Gewissenserforschung und abschließender Vergebungsbitte als Bußakt bezeichnet wird, betrifft das innerste menschliche Sein. Indem der Mensch sein Leben reflektiert und sich auf sein eigentliches Ziel besinnt, kommt er unweigerlich mit seinem Schöpfergott in Kontakt. Gott hat den Menschen geschaffen als sein Abbild, und doch erfährt der Mensch immer wieder seine Unfertigkeit und Unfähigkeit. Im Akt der Reflexion wird dem Menschen sein Verhalten gegenüber sich selbst, seinen Mitmenschen und Gott deutlich.

Um Liturgie wirklich in guter Verbindung untereinander und mit Gott zu feiern, bedarf es der Klärung und der Reinigung der Beziehungen. Dieses Bewusstsein hat schon in urchristlicher Zeit dazu geführt, dem Herrenmahl eine Art Bußakt vorzuschalten, wie es die Lehre der Apostel bezeugt: „Am Herrentag versammelt euch, brecht das Brot und sagt Dank, nachdem ihr zuvor eure Sünden bekannt habt.“ (Did 14,1)

Der Bußakt hat Gemeinschaftscharakter und zielt daher auf die Klärung der Beziehungen in der konkreten Gemeinde. Es ist ein Ritus öffentlicher Versöhnung, die eine echte Feier ermöglicht. Beim *Allgemeinen Schuldbekenntnis* steht die Gemeinde als ganze vor Gott: Jeder bekennt sich vor den anderen zu seiner Schuld, bittet sie um ihr Gebet und alle gemeinsam bitten Gott um Verzeihung.

Das Wort Jesu: „Wenn du deine Opfergabe zum Altar bringst und dir dabei einfällt, dass dein Bruder etwas gegen dich hat, ... geh und versöhne dich erst mit deinem Bruder." (Mt 5,24) gibt dem Bußakt einen tieferen Sinn, sodass er als rituelle Form wirklicher Versöhnung der Gemeinde verstanden werden kann.

Der Bußakt am Beginn des Gottesdienstes war ursprünglich das private Vorbereitungsgebet des Bischofs/Priesters vor dem Altar. In der Karfreitagsliturgie ist es im Ritus des demütigen Niederwerfens noch erhalten geblieben. Noch Jahrhunderte später war der eher private Charakter des Bußakts spürbar: Das *Stufengebet* der tridentinischen Liturgie sprach der Priester im Wechsel mit der unmittelbaren Assistenz. Die Gemeinde war daran nicht beteiligt.

Daneben gab es im deutschsprachigen Raum bis ins 20. Jahrhundert hinein ein allgemeines Schuldbekenntnis nach der Predigt. Es wurde von der ganzen Gemeinde in ihrer Muttersprache gesprochen und durch eine Vergebungsbitte des Priesters abgeschlossen. Auch am Aschermittwoch ersetzt der Ascheritus nach der Homilie das Schuldbekenntnis zu Beginn der Messfeier. Und auch im Messritus von Zaire stehen Schuldbekenntnis und Friedensgruß vor den Fürbitten.

Die Besinnung am **Anfang des Gottesdienstes** gibt der feiernden Gemeinde die Möglichkeit, die eigenen vergangenen Erlebnisse im Gebet vor Gott zu bringen und darüber hinaus eine Verbindung zu den Ereignissen herzustellen, die auf unser menschliches Leben von allen Seiten einströmen.

Der Bußakt **nach der Verkündigung** des Wortes Gottes beleuchtet die menschliche Unvollkommenheit im Licht der frohen Botschaft. Gottes Wort erfasst den Menschen und ruft ihn zur Umkehr.

Beide Positionen des Bußaktes haben ihre Berechtigung. Dennoch besteht die Gefahr, dass das Schuldbekenntnis am Anfang des Gottesdienstes wie eine Vorleistung wirkt: Erst wenn ich meine Schuld bekannt habe, bin ich würdig, das Wort Gottes zu hören. Stattdessen sind wir als Kinder Gottes bereits würdig gemacht, Anteil zu haben am Los der Heiligen (Kol 1,12). Aus dieser Heilszusage heraus ist das Schuldbekenntnis gewissermaßen eine natürliche Reaktion auf die gehörte Botschaft. Gottes Wort ist wie der Spiegel, in dem wir unsere Erlösungsbedürftigkeit erkennen.

Das Schuldbekenntnis nach der Verkündigung entspricht mehr der dialogischen Struktur des Gottesdienstes und kann dadurch auch mehr in die Tiefe gehen.

Grundform

▶ WGF 38, 53ff

Die Grundform des Bußakts besteht aus:

- Einladung
- Gewissenserforschung (Stille)
- gemeinsamem Bekenntnis
- Vergebungsbitte

In den Rollenbüchern finden sich mehrere Vorlagen für eine Einladung zum Schuldbekenntnis, drei Formen des Bekenntnisses und eine Vergebungsbitte (↗ WGF 53ff und VISN 126ff).

FORM 1

Allgemeines Schuldbekenntnis: „*Ich bekenne Gott, dem Allmächtigen ...*"

FORM 2

Wechselgebet: „*Erbarme dich, Herr, unser Gott ...*"

FORM 3

Psalm 130: „*Aus den Tiefen rufe ich, Herr, zu dir ...*"

Im Messbuch sind weitere Formen zu finden, die für die Wort-Gottes-Feier modifiziert verwendet werden können (↗ MB 326f).

Gestaltung

Antwort

Das Schuldbekenntnis ist eines der Auswahlelemente für den Antwortteil. Es sollte also bewusst anlassbezogen verwendet werden. Die nicht regelmäßige Verwendung verhindert einen schematischen Vollzug. Es eignen sich hierfür die Vorbereitungszeiten auf die großen Feste sowie besondere Anlässe für Gewissenserforschung, beispielsweise am Abend. Auch wenn Themen von Schuld und Versöhnung in den biblischen Texten aufscheinen, kann der Bußakt als Antwortelement sinnvoll sein.

Gerade weil das Schuldbekenntnis nicht zum Standardrepertoire der Wort-Gottes-Feier gehört, kann die Besinnung sehr differenziert und persönlich gestaltet werden, wenn es der Charakter des Gottesdienstes nahe legt. Stille und meditative Musik können bei der Besinnung eine wichtige Rolle spielen.

Neben den drei vorgesehenen **Formen des Schuldbekenntnisses** („*Ich bekenne ...*", „*Erbarme dich ...*" und Ps 130) sind weitere Texte denkbar (z. B. GL 9,7). Allerdings ist darauf zu achten, dass sie sinnvoll gemeinsam gesprochen werden können oder wenigstens Elemente der Gemeindebeteiligung enthalten.

Wie Psalm 130 können auch andere Lieder und Gesänge ein gemeinsames Schuldbekenntnis darstellen (z. B. GL 268 | 273 | 277 oder die Kyrie-Litaneien GL 161 | 162).

Anders als bei Einladung und Schuldbekenntnis sind bei der **Vergebungsbitte** im Rollenbuch keine Varianten enthalten. Gleichwohl können sich hier alternative Formulierungen eignen (↗ MB 326).

Symbolhandlungen können den inneren Prozess zeichenhaft verdeutlichen:

- Entzünden von Kerzen (an der Osterkerze),
- Auflegen von Weihrauch (WGF 31, 198f),
- Schuldzettel schreiben, ans Kreuz heften,
- Steine, Scherben zum Kreuz bringen ...

5.4 Predigtlied/Lied

Erklärung

„Schriftlesung, Auslegung und Deutung können im Predigtlied nachklingen und vertieft werden“ (WGF 52). Es ist gleichzeitig „Zusammenfassung und Bekräftigung einer gemeinsamen Antwort auf das Wort Gottes“ (WGF 26). Damit hat das Predigtlied die Funktion eines Scharniers zwischen dem Verkündigungs- und dem Antwortteil.

Auch am Wochentag, wenn nicht gepredigt wird, kann ein geeignetes Lied nach der Verkündigung gesungen werden (VISN 126).

Hintergrund

Muttersprachliche Lieder gehören seit Jahrhunderten zum Umfeld der (lateinischen) Liturgie. So findet sich das Lied *Christ ist erstanden* bereits im 12. Jahrhundert in einer Handschrift des Salzburger Doms. Deutsche Lieder wurden vor allem bei Prozessionen und im Umfeld der Predigt gesungen. Diese Tradition greift das Predigtlied in der Wort-Gottes-Feier nun auf.

Martin Luther gab den Anstoß zu einer umfangreichen deutschsprachigen Liedproduktion auf evangelischer wie katholischer Seite, die es in vergleichbarem Ausmaß in rein katholischen Ländern nicht gegeben hat. Für Luther war es wichtig, dass die Gemeinde das Wort Gottes nicht nur hört, sondern selbst mit betroffenem Herzen daran beteiligt ist. Musik ist für ihn entscheidend für den Glaubensvollzug, da sie die Stimme der Emotion ist, das Herz erweckt und zum Glauben bereit macht. Entsprechend hat das Predigtlied seinen festen Platz in protestantischen Gottesdienstordnungen.

Es bietet die Gelegenheit, die Grundgedanken des Verkündigungsteils und der Predigt noch einmal in anderer Form auszusagen und zu singen, sie zu verdichten oder von einer ganz anderen Seite her zu beleuchten.

Das Predigtlied ist immer ein selbstständiger Gesang (im Unterschied zu Begleitgesängen anderer liturgischer Handlungen). Es wird um seiner selbst Willen gesungen und dient nicht etwa der bloßen Abwechslung nach vielen gesprochenen Worten.

Lieder sind kleine Kunstwerke, bei denen sich Text und Melodie gegenseitig stützen und interpretieren. Idealerweise verschmelzen beide zu einer Einheit, die Herz und Geist anregt.

Lieder lassen sich als „Intimgeschichte des Christentums" lesen. Das Einstimmen in traditionelle Texte kann zu verstehen helfen, dass wir unseren Glauben nicht aus uns heraus haben, sondern auch von unseren Vorfahren ererbt haben.

Wichtig ist, dass ein Predigtlied passend zur vorausgegangenen Verkündigung ausgewählt wird und den „roten Faden" (Konsonanz) der Schrifttexte verstärkt. Hilfsmittel hierzu können Stichwortregister wie der THEMENSCHLÜSSEL ZUM GOTTESLOB sein.

Grundform

▶ WGF 26

Im Anschluss an die Predigt wird von allen gemeinsam ein entsprechendes Lied gesungen. Ein ausschließlich solistischer Vortrag oder das Einspielen von einem Tonträger entspricht nicht dem Charakter eines Antwortelements.

Sinnvoll ist es, an dieser Stelle nicht einzelne (passend geglaubte) Strophen auszuwählen, sondern auch vielstrophige Lieder in Gänze (evtl. mit verteilten Rollen) zu singen. Auf diese Weise wird der Eigenaussage des Liedes Rechnung getragen.

Gestaltung

Das Predigtlied kann gemeinsam oder – etwa bei einem Refrainlied – im Wechsel gesungen werden. Auch das strophenweise Abwechseln zwischen verschiedenen Gemeindegruppen (rechts, links, Frauen,

Männer, Kinder …) ist möglich. Musikalische Elemente (Zwischenspiele) können den Gesang unterbrechen.

Nach der Predigt kann das Lied unmittelbar anschließen, von ihr sogar direkt eingeleitet werden oder aber es folgt nach der Predigt eine angemessene Zeit der Stille oder der Musik, bevor das Lied gesungen wird.

Beispielsweise wäre auch in der Tradition barocker Kantaten der Vortrag einer Solo-Arie mit abschließendem Gemeindechoral denkbar.

Auch zahlreiche moderne Lieder außerhalb religiöser Traditionen zielen auf theologische Wahrheiten. Wenn sie von allen (wenigstens teilweise) gesungen werden können, sind sie an dieser Stelle ein willkommenes Interpretament.

Da das Predigtlied als Scharnier zwischen Verkündigungs- und Antwortteil auch dem Verkündigungsteil zugerechnet werden kann, kann unter Umständen ein weiteres der fakultativen Antwortelemente folgen.

5.5 Segnungen, die zum Sonn-(Fest-)Tag gehören

(sonn- und feiertags)

Erklärung

Durch Gebet gesegnet werden Personen oder Sachen. Damit werden sie unter den besonderen Schutz Gottes gestellt. Ausdeutende Riten können die Segenshandlung begleiten.

Zeichen und Symbole der Schöpfung stehen für die direkt mit ihnen zusammenhängenden Lebenswirklichkeiten. Diese werden als Orte der Gotteserfahrung gedeutet. Im Segen als rituellem Akt wird das sichtbar und spürbar, was bleibende Zusage Gottes an den Menschen ist.

Anlassbezogene Segnungen, zu denen eine bischöfliche Beauftragung erteilt wird:

- Segnung des Adventskranzes,
- Kindersegnung zur Weihnachtszeit,
- Segnung des Johannisweines,
- Segnung und Aussendung der Sternsinger sowie Segnungen am Epiphaniefest (Wasser, Salz, Kreide, Weihrauch),
- Blasiussegen,
- Segnung und Austeilung der Asche,
- Segnung der Zweige am Palmsonntag,
- Speisensegnung an Ostern,
- Wettersegen,
- Feuersegnung am Johannisfest,
- Kräutersegnung am Hochfest der Aufnahme Mariens in den Himmel,
- Segnung der Erntegaben,
- Segnung der Gräber an Allerheiligen/Allerseelen,
- Kinder- und Lichtersegnung am Martinsfest,
- Brotsegnung an bestimmten Heiligenfesten.

Hintergrund

Segnen kommt vom lateinischen Wort *signare – bezeichnen (mit dem Kreuz)*. Dabei ist die Urform des Segnens nicht das Bekreuzigen, sondern die Handauflegung bzw. das Ausstrecken der Hände als Zeichen für die Mitteilung göttlicher Lebenskraft.

Die Urform aller **Personalbenediktionen** ist die Taufe. Die meisten anderen Sakramente und Sakramentalien sowie Segnungen leiten sich von ihr ab. Wie bei der Taufe geht es stets um die Angleichung an die Existenz Christi, in die wir durch die Taufe hineingenommen sind. Typisch sind die „Einsegnungen" in verschiedene Formen der Nachfolge: Ehe, Ordensprofess, Weihe, Kindersegnung, Muttersegen, Sterbesegen etc.

Die **Sachbenediktionen** sind auf das Modell der Konsekration bei der Eucharistiefeier ausgerichtet. Wie Brot und Wein zu Leib und Blut Christi, so werden auch alle Gegenstände Symbole der neuen Schöpfung im Reich Gottes. In diesem Sinn ist Segnen ein Offenbarungsgeschehen, da es die Dinge so ans Licht treten lässt, wie sie von ihrem Schöpfer gemeint sind. Alle, die mit gesegneten Dingen umgehen, werden Teil dieser neuen Wirklichkeit und empfangen selbst Segen.

Segnungen sind Theo-Logie im wahrsten Sinn des Wortes. Denn sie reden von Gott, von seinen Werken in der Welt und seinem Handeln und Wirken, wo immer Menschen sind. Durch die Segnung wird diese Wirklichkeit in das Bewusstsein und in die Erfahrung des Menschen gebracht. Durch das Handeln des Segnenden und das gemeinsame Gebet, die Erinnerung an die Taten Gottes und die Bitte um Gottes Hilfe wird Gottes Wirklichkeit in unserer Welt spürbar.

Mittelpunkt einer Segensfeier ist das Lob- und Dankgebet. Es ist gewissermaßen die kollektive Reaktion auf die Erfahrung von Gottes Nähe. So spielen die hebräischen, griechischen und lateinischen Worte für *segnen* auf *gutsagen, loben, preisen* an. Der Lobpreis kann erweitert werden durch Bitten oder ein Bekenntnis. Fester Bestandteil ist oft auch eine *Epiklese*, die Herabrufung des Heiligen Geistes.

Segnungen sind keine magischen Beschwörungen, mit denen ein Ding, eine Sache oder eine Person besondere Fähigkeiten verliehen bekommt. Sie sind vielmehr Ausdruck des Glaubens der Menschen an die Allmacht Gottes. Deshalb richten sich Segnungen immer an den Menschen, der durch sie existenziell berührt wird.

Grundform

▶ WGF 38, 56

Die Grundform der Segnungen innerhalb der Wort-Gottes-Feier richtet sich nach der Ordnung des Benediktionale für die katholischen Bistümer des deutschen Sprachgebietes. Da innerhalb der Wort-Gottes-Feier bereits eine Eröffnung und der Wortgottesdienst vorausgegangen sind und die Fürbitten im weiteren Verlauf des Gottesdienstes folgen, empfiehlt sich eine Beschränkung auf:

- Einführung (Deutung der Segnung)
- Segensgebet
- Besprengung mit Weihwasser (Beräuchern mit Weihrauch)

Gestaltung

Bei Segnungen richtet sich die Gestaltung nach den Personen oder Dingen, die gesegnet werden. Diese sollen sich an einem besonderen Ort innerhalb des Feierraumes befinden, damit die Segnung von den Mitfeiernden gut mitvollzogen werden kann. Gegenstände können in einer Prozession in die Mitte der Gemeinde gebracht werden und nach dem Segen den Menschen anvertraut werden, für die sie bestimmt sind.

Die Deutung der Segnung kann sinnvollerweise bereits in der vorangehenden Predigt geschehen.

Bei Segnungen, die nicht unmittelbar mit dem Sonn-(Fest-)Tag verbunden sind, empfiehlt es sich, noch ein kurzes Schriftwort vor dem Segensgebet einzuschieben oder im Rahmen der Einführung anklingen zu lassen. Manchmal reicht hier ein einzelner treffender Bibelvers.

5.6 Wechselgebet
(wochentags)

Erklärung

Wechselgebete sind vor allem in Andachtsformen üblich. Sie werden von verschiedenen Rollenträgern einer liturgischen Feier gesprochen. Die Gemeinde nimmt als ganze daran Anteil. Dadurch wird die tätige Teilnahme der Gemeinde in aktiver mitbetender Weise erreicht.

Hintergrund

Das gehörte Wort Gottes verlangt nach einer Antwort, die auch im gemeinsamen Gebet gegeben werden kann. Wie jedes Gebet, so richtet sich auch das Wechselgebet an Gott und ist Ausdruck der Interaktion zwischen Gott und Mensch. Beim Wechselgebet sind alle Elemente des Gebetes möglich: Lob, Dank, Bitte.

Die Christusgegenwart in seiner Versammlung kommt durch das Gebet der Gemeinschaft in besonderer Weise zum Ausdruck, weil die Betenden als Gemeinde der mystische Leib Christi heute sind.

In den Wechselgebeten werden besondere Aspekte des Glaubens oder des Kirchenjahres ins Gebetswort gebracht.

Grundform

▶ VISN 115, 126

Entsprechend der Bezeichnung wechseln beim Wechselgebet die Sprechrollen ab: Eine oder mehrere Personen sprechen Texte im Wechsel mit der Gemeinde.

Nicht jeder im Wechsel vorgetragene Text ist dem Wesen nach auch Gebet, das einer Gottesanrede bedarf. Auch der Form nach gibt es Unterschiede: Eine Litanei ist – obwohl im Wechsel vorgetragen – nicht immer Gebet. Ein abwechselnd gebeteter Rosenkranz ist formal ebenfalls kein Wechselgebet.

Bei Andachten ist es meist üblich, dass alle Beteiligten den Text mitlesen und daher auch Textpassagen übernehmen können, die nicht auswendig vollzogen werden müssen. Bei den Wechselgebeten in der Wort-Gottes-Feier (↗ VISN 146–167) haben die der Gemeinde zufallenden Passagen hingegen meist akklamatorischen Charakter, wiederholen sich mehrfach gleichlautend wie ein Kehrvers und sind oft auch zum Singen geeignet.

Gestaltung

Musikalische Elemente sowie Phasen der Stille können das Gebet spirituell vertiefen.

5.7 Verehrung des Wortes Gottes

Erklärung

In seinem Wort wird Gott gegenwärtig. Das Buch, aus dem sein Wort verkündet wird, wird als Symbol für dieses Wort seit jeher besonders gestaltet und verehrt. So wird vor der Verkündung das prächtig geschmückte Evangeliar erhoben, bekreuzigt, inzensiert und anschließend geküsst. Es wird von Kerzen und Weihrauch begleitet; dazu wird ein eigener Prozessionsgesang (*Halleluja*) gesungen.

Die Verehrung des Wortes Gottes nach seiner Verkündigung „drückt die Freude darüber aus, dass der Herr in seinem Wort gegenwärtig ist" (WGF 200) und ermöglicht es der Gemeinde, ihre Verehrung des in seinem Wort gegenwärtigen Christus gemeinschaftlich und dennoch persönlich zum Ausdruck zu bringen.

Da sie das Wort Gottes zeichenhaft in den Mittelpunkt stellt, hilft der Verehrungsritus, der Wort-Gottes-Feier ein unverwechselbar eigenes Gepräge zu geben.

Hintergrund

In Jesus Christus ist der *Logos* (Gottes Wort) Mensch geworden. Diese Glaubenswahrheit feiert die Kirche am Weihnachtsfest. Das ewige Wort des Vaters, Gott selbst, wird Mensch, indem er sich ganz und gar in Jesus Christus aussagt. Dieses menschgewordene Wort Gottes wird gegenwärtig in der Verkündigung des Evangeliums als der frohen Botschaft für den Menschen heute.

Auch die Bücher, aus denen Verkündigung geschieht, wurden stets als Symbole dieses Wortes Gottes verstanden. Dabei ist allerdings zu unterscheiden zwischen dem verkündeten Wort, in dem Gott gegenwärtig wird, und dem Buch, aus dem verkündet wird, welches ein Symbol für diese Gottesgegenwart darstellt.

Traditionell wird das Evangeliar als Ikone Christi verstanden. Um die Einheit der Schrift deutlich werden zu lassen, ist allerdings zu überlegen, ob nicht besser eine Vollbibel oder ein Altes und Neues Testament umfassendes Perikopenbuch angemessener wäre (↗ S. 81).

Das Rollenbuch sieht den Verehrungsritus unmittelbar nach der Verkündigung vor. Die vorschnelle Hinwendung zum Evangelienbuch täuscht aber womöglich darüber hinweg, dass es eigentlich um die personale Begegnung mit Christus in seinem „Klangleib" geht. Das Wort erklingt und verklingt wieder, es ist kein „heiliges Ding", das ich berühren und festhalten kann. Das Buch ist Zeichen für die Gegenwart Gottes in seinem Wort, aber es ist nicht selbst diese Gegenwart.

Daher kann es sinnvoll sein, nach der Verkündigung zunächst in der Gegenwart des Gotteswortes zu verweilen und einen Verehrungsritus erst danach (vor dem Lobpreis) anzuschließen.

Bei der Verehrung tritt der Mensch in eine bewusste Beziehung zu Gottes Wort, welche über das reine Hören hinausgeht und zu einem Akt der Gottesbegegnung wird. So ist die Verehrung Vertiefung des Hörens, Ausdruck der verwandelnden Kraft der biblischen Botschaft und Antwort auf das Hören des Wortes Gottes zugleich.

Die verschiedenen Formen der Verehrung von Gottes Wort in der Liturgie sind aber auch wahrhaft liturgischer Vollzug der Feiergemeinde im Sinne der tätigen Teilnahme. Der Mensch als einzelner und auch als Teil der Liturgie feiernden Gemeinschaft wird so zum Liturgen, der seine Gotteserfahrung in die Sprache der Gestik, Mimik und des rituellen Handelns bringt.

Grundform

► VISN 115, 125f

Die Verehrung des Wortes Gottes stellt eine Neuentwicklung im Rahmen der römisch-katholischen Liturgietradition dar. Laut Rollenbuch „empfiehlt sie sich bei jenen Feiern, in denen das Geheimnis der Gegenwart Gottes in seinem Wort im Vordergrund steht." Sie steht in unmittelbarem Zusammenhang mit der Verkündigung (VISN 125).

Das Rollenbuch stellt zwei Möglichkeiten für den Verehrungsritus vor, die sich allerdings nur hinsichtlich des Ortes der Präsentation des Buches unterscheiden (Altar oder „Ort des Buches“) und dadurch, ob das Buch geöffnet oder geschlossen ist.

Das Rollenbuch WGF ergänzt, dass Leuchter aufgestellt werden können und das einleitende *Halleluja* bzw. der *Christusruf* wiederholt werden kann.

Nach einer kurzen Überleitung erfolgt die Einladung zur Verehrung, die ihrerseits mit einem gemeinsam gesungenen Liedruf beginnen kann (z. B. GL 450 | 630,4).

Anschließend können die Gläubigen in Prozession hinzutreten und ihre Verehrung zum Ausdruck bringen. Die Rollenbücher sprechen dabei von „Berühren der Textstelle“ oder Verneigung.

Die gemeinsame Prozession zum „Ort des Buches“ gibt der Feier einerseits ein eigenes Gepräge, stellt andererseits ein nicht zu unterschätzendes Bewegungselement im Gottesdienst dar.

Gestaltung

Neben dem Berühren der Textstelle und der Verneigung sind auch der Kuss oder die Kniebeuge typische Gesten der Verehrung. Auch Weihrauch kann als Zeichen der Verehrung (von allen) aufgelegt werden, vor allem wenn die Verehrung in den Lobpreis mündet.

Weitere Formen der Verehrung des Wortes Gottes sind denkbar. Sie sind so mannigfaltig wie die liturgiefeiernden Gemeinden:

- Inzens des Evangeliars
- deutlich sichtbares Tragen des Evangeliars durch die versammelte Gemeinde, evtl. zusammen mit dem Rauchfass („*Der Duft der Erkenntnis Christi erfülle euch*“, vgl. 2 Kor 2,14)

Der Verehrungsritus kann als Antwortelement ausgewählt werden (VISN 125, WGF 200 hier unter *Zeichenhandlungen* einsortiert) und folgt entweder unmittelbar nach dem Evangelium oder als Auftakt zum Sonn-(Fest-)täglichen Lobpreis nach der Predigt.

OBLIGATORISCHE ANTWORTELEMENTE

Auf ein fakultatives Antwortelement folgen an Sonn- und Feiertagen Friedenszeichen und Kollekte als obligatorische Antwortelemente. Wochentags ist das Friedenszeichen ein fakultatives Antwortelement.

5.8 Friedenszeichen

Erklärung

Der Friedenskuss war schon in apostolischer Zeit beim Herrenmahl üblich. Er ist Ausdruck geschwisterlicher Gemeinschaft und begegnet auch heute im Alltag immer häufiger als Begrüßungs- und Abschiedskuss.

In den Rollenbüchern ist es beim Friedensritus zu keinem einheitlichen Terminus gekommen. WGF spricht von *Friedenszeichen*, während VISN die Bezeichnung *Friedensgruß* verwendet. Dabei ist festzuhalten, dass der Friedensritus aus mehreren Gliedern besteht:

- Einladung (variabel)
- Friedensgebet
- Friedensgruß (*„Der Friede des Herrn sei allezeit mit euch."*)
- Friedenszeichen
- Friedenslied

Friedensgebet und *-gruß* sind in der Wort-Gottes-Feier – entgegen der verwendeten Begrifflichkeit – nicht vorgesehen.

In jedem Fall soll der Friede Gottes, um welchen wir im Gottesdienst beten, in der versammelten Gemeinde durch eine Zeichenhandlung erfahrbar werden.

Hintergrund

Ein Leben im Frieden gehört zu den Ursehnsüchten der Menschen. Deshalb ist schon im Alten Testament der Friede Ausdruck von Gottes Gegenwart. Im Heil der Menschen offenbart sich Gott, weil er der Geber alles Guten ist, das zu einem gelingenden Leben gehört. Von daher ist der alttestamentliche Friedensbegriff *(Schalom)* Ausdruck universellen Heils, das von Gott kommt und das Leben in Fülle verheißt.

Gottes Menschwerdung in Jesus Christus ist ebenfalls mit dem Frieden der Welt verbunden, den die Engel bei der Geburt Jesu verkünden: „Verherrlicht ist Gott in der Höhe und auf Erden ist Friede bei den Menschen seiner Gnade." (Lk 2,14)

Das ganze Leben und Wirken Jesu war darauf ausgerichtet, dass der Mensch den Frieden erfährt, in dem er leben kann. Jesu Reden und seine Botschaft vom Reich Gottes sind eine einzige Friedensbotschaft, die durch Jesu Handeln an den Menschen deutlich wird.

In vielen Ostererzählungen begrüßt Christus seine Jünger mit dem Friedensgruß. So wird der Friede zum Zeichen für den Auferstandenen, und wo in unserer Welt Friede erfahren wird, ist dies ein Zeichen der Auferstehung.

In der Liturgie beschließt der Friedensgruß typischerweise das gemeinsame Gebet. Für den frühchristlichen Schriftsteller Tertullian († um 220) war der Friedenskuss wie das Siegel nach einem Gebet. Er ergab sich organisch aus der Gebetshaltung mit erhobenen Händen: Nach dem Gebet wandte man sich einander mit offenen Armen zu. Auf diese Weise bildeten Gebet und Tat, Gottes- und Nächstenliebe eine Einheit. Gebet und Friedenskuss gehörten in der alten Kirche offenbar untrennbar zusammen.

Entsprechend befand sich der Friedensgruß innerhalb der Messfeier auch zunächst am Schluss des Allgemeinen Gebets (Fürbitten) vor Beginn der Gabenbereitung. Diese Position innerhalb der Liturgie haben viele nichtrömische Ritenfamilien bewahrt. Sie entspricht zudem der

Aufforderung Jesu: „Geh und versöhne dich zuerst mit deinem Bruder, dann komm und opfere deine Gabe." (Mt 5,23f)

Allerdings ist der Friedensgruß vor dem Kommunionempfang mehr ein Zeichen bestehender Gebets- und Kommuniongemeinschaft. Auch geht es nicht um Frieden „wie die Welt ihn gibt", also etwa um die Beendigung von Krieg und Konflikten, sondern um den Frieden Christi (vgl. Joh 14,27).

Grundform

▶ WGF 38, 56

Mit einem kurzen Wort lädt die Leiterin zum Austausch des Friedenszeichens ein. Dann geben sich alle das Friedenszeichen, z. B. Reichen der Hand, Umarmung, einfache Zuwendung, Verneigung (WGF 38). Das ursprüngliche Zeichen des Kusses wird hier nicht erwähnt, obwohl es auch in unserem Kulturkreis wieder zunehmend an Bedeutung gewinnt.

Währenddessen ein Friedenslied zu singen, wie es das Rollenbuch als Möglichkeit vorsieht, ist dagegen problematisch, da während des Austauschs des Friedenszeichens alle beschäftigt sind und nicht gleichzeitig singen können. Das Lied kann allenfalls anschließend gesungen werden und die Kollekte begleiten.

Im Laufe der Geschichte hat der Friedensritus verschiedene Positionen innerhalb des Gottesdienstes eingenommen. In der Wort-Gottes-Feier hat er seinen festen Platz im Antwortteil der Gemeinde: vor dem Lobpreis (sonntags) und vor den Fürbitten (wochentags). Die genaue Verortung ist allerdings je nach Aufbau der Feier zu überprüfen.

Gestaltung

Die Einladung zum Friedensritus kann frei formuliert werden. Anregungen dazu finden sich in den Rollenbüchern und dem Messbuch. Die Einladung kann Anlass und Inhalt des Gottesdienstes sowie der Kirchenjahreszeit entsprechen (vgl. MB 517f).

Nach der Einladung kann ein ausdrückliches Gebet um den Frieden Jesu Christi eingefügt werden (z. B. MB 518).

Das Friedenszeichen kann je individuell variieren:
- Reichen der Hand,
- Umarmung,
- einfache Zuwendung,
- Verneigung,
- Kuss,
- alle fassen einander an den Händen,
- Weitergabe eines Friedenssymbols ...

Bei der Positionierung des Friedensritus innerhalb der Wort-Gottes-Feier ist deren Gesamtdramaturgie zu beachten. Die Rollenbücher verstehen den Friedensritus als „Auftakt" von Gebeten (*Lobpreis* oder *Fürbitten*). So kennt es auch die orthodoxe Liturgie, die jeweils vor Gebeten die Bitte formuliert *„In Frieden lasst uns zum Herrn beten."* In der alten Kirche stand das Friedenszeichen hingegen als Bekräftigung der Gemeinschaft am Ende des Gebets.

Antwort

Als Positionen des Friedensritus eignen sich:

Der **Eröffnungsteil**: So wird deutlich, dass die Gemeinschaft im Frieden Gottes feiern und sich zu einer Gebetsgemeinschaft zusammenschließen will.

Nach Lobpreis und Hymnus: Gerade wenn als Antwortelement die Verehrung des Wortes Gottes gewählt wird, empfiehlt es sich, nach dieser unmittelbar den Lobpreis mit Hymnus folgen zu lassen und den Friedensritus nebst Kollekte erst danach zu begehen.

Nach Allgemeinem Gebet und Vaterunser: An dieser Stelle nimmt der Friedensgruß die Erhörung der Bitten symbolisch vorweg: Gottes zukünftiges Reich ist ein Reich des Friedens. Dies ist der Ort, an dem auch in der alten Kirche Friedensgruß und -zeichen ausgetauscht wurde.

Der **Schlussteil**: Der in der Liturgie erbetene und erfahrene Friede kann so als Wunsch und Hoffnung für den Alltag stehen.

5.9 Kollekte

Erklärung

Mit Kollekte ist in diesem Zusammenhang das Einsammeln von Geldspenden innerhalb des Gottesdienstes gemeint. Sie dienen „den Bedürfnissen der Kirche und der Armen“ (AEM 101).

Theologie

Die Kollekte ist eigentlich Teil der Gabenbereitung bei der Messe. In frühchristlicher Zeit brachten die Gläubigen Brot, Wein und andere Naturalgaben zur Feier des Herrenmahles mit. Später wurden daraus Geldspenden.

Bereits in der Urgemeinde drückten die Christen ihre Verbundenheit untereinander durch Geldsammlungen aus (vgl. 1 Kor 16,3).

So gesehen führt die Kollekte gewissermaßen den Friedensgruß weiter: Die Gemeinde öffnet ihren Blick auf die Notleidenden. Sie weiß sich in Verbindung mit der großen Gemeinschaft der Kirche. Sie bringt ihren Beitrag zur Versorgung der Armen und hilft mit, dass der mystische Leib Christi in einem geschwisterlichen Miteinander existieren kann.

Grundform

▶ WGF 38, 56

Das Rollenbuch WGF empfiehlt zur Kollekte: „Auf die Verwendung der Kollekte kann vor Beginn der Sammlung in geeigneter Weise hingewiesen werde. Die Körbe mit der Kollekte werden zur Kredenz oder an einen anderen geeigneten Ort im Altarraum gebracht, jedoch nicht zum Altar selbst, da die Kollekte bei der Wort-Gottes-Feier nicht Teil der Gabenbereitung einer Eucharistiefeier ist. Während der Kollekte wird ein der Kirchenjahreszeit oder Thematik der Lesungen entsprechendes Lied gesungen. Auch Chor- und Instrumentalmusik bieten sich an.“ (WGF 38)

Gestaltung

Da die Kollekte eigentlich nicht zur Wort-Gottes-Feier gehört, ist auch deren Platzierung problematisch. Sie unterbricht leicht die Dynamik der Feier.

Es bietet sich an, die Kollekte durch das Aufstellen oder persönliche Hinhalten von Spendenkörbchen im Eingangsbereich vor oder nach dem Gottesdienst durchzuführen.

Ein entsprechender (mündlicher oder schriftlicher) Hinweis auf die Verwendung der Kollekte ist in jedem Fall sinnvoll.

6 LOBPREIS UND BITTE

Im Antwortteil der Gemeinde bilden (sonn- und feiertags) der Lobpreis und (stets) die Bitte den Höhepunkt.

6.1 Sonn-(Fest-)täglicher Lobpreis
(sonn- und feiertags)

Erklärung

Bei dieser Gebetsform handelt es sich literarisch um ein entfaltetes Dank- und Preisgebet. Wie andere Gottesdienstformen (Messe, Taufe, Trauung) besitzt damit auch die Wort-Gottes-Feier ein ihr eigenes Hochgebet.

Die im Rollenbuch WGF nebst Ergänzungsheften vorliegenden Gebete haben unterschiedliche Inhalte. So preisen sie das Wort Gottes oder den Sonntag, nehmen eine der göttlichen Personen oder Gottes Tun und Wirken in den Blick.

Hintergrund

Lobpreis ist die Grundform des christlichen Gottesdienstes. Die anamnetische (erinnernd-vergegenwärtigende) Rede von Gott und seinen Taten in Schöpfung und Geschichte ist das erste Anliegen des Lobpreis-Gebetes. Es erzählt von der Geschichte Gottes mit den Menschen und ruft diese in die Erinnerung der feiernden Gemeinde, damit die Gottesgeschichte erfahrbar wird und von den Menschen als Heilswirklichkeit des Lebens neu gedeutet werden kann. So hat das Gebet performativen Charakter und ermöglicht es, Gottes Wirk-lichkeit in unserer Welt aufscheinen zu lassen.

Aus dem Lobpreis Gottes im Gebet wird gleichzeitig Gottes Dienst am Menschen. Denn indem der Mensch in der Kraft des Heiligen Geistes erinnernd betet, handelt Gott am Menschen (vgl. WGF 14). Mit Recht mündet also der erinnernde Lobpreis in die Bitte um Gottes Heilshandeln an den Feiernden (*Epiklese*) und die Wandlung des Lebens der Betenden.

Im Lobpreis fällt somit Vergangenheit, Gegenwart und Zukunft zusammen. Die irdische Wirklichkeit wird gleichzeitig mit der himmlischen Ewigkeit gefeiert, was zum Kern christlicher Liturgie gehört. „Gerade im Wortgottesdienst (meint: Wort-Gottes-Feier), der immer noch unter dem Vorurteil steht, mehr Informations-, auf jeden Fall aber weniger Heilsgeschehen zu sein, ist das in der Feier selbst zu verdeutlichen. In der Wortverkündigung ereignet sich Christusgegenwart. Das meint Präsenz von Heilsgeschehen im Heute und Teilhabe an der verheißenen Hoffnung. In einem zentralen Gebetselement muss das Sprachgestalt gewinnen." (Benedikt Kranemann, Das „Lob- und Dankgebet" in der sonntäglichen Wort-Gottes-Feier, in: Wie das Wort Gottes feiern, QD 194)

Grundform

▶ WGF 39, 57ff

Der Lobpreis beginnt mit einer Gebetseinladung, die die Verbindung der konkreten Feiergemeinde mit der gesamten Kirche zum Ausdruck bringt.

Am anamnetischen Gebet beteiligt sich die Gemeinde durch Akklamationen.

Der Lobpreis schließt mit dem gesungenen (*Gloria*-)Hymnus.

Das Rollenbuch gibt als Ort des Gebetes den Leitungsort an (vgl. WGF 57). Der Vortrag des Lobpreises ist Aufgabe der Leiterin.

Gestaltung

Da es sich beim Lobpreis um die zentrale Gebetsantwort der Gemeinde auf die Gegenwart Gottes in seinem Wort handelt, sollte für den zentralen Gebetsteil ein Ort mit deutlichem Bezug sowohl zu Evangeliar/Bibel wie zur Gemeinde gewählt werden. Deshalb ist folgende Gestaltungsmöglichkeit anzuraten:

Die Einladung zum Lobpreis wird am Leitungsort gesprochen. Dabei kann noch einmal die Botschaft der Schrifttexte in einem Satz zusammengefasst werden.

Dann begibt sich der liturgische Dienst an den Ort des Gebets. Dort erst wird die Akklamation angestimmt.

Als Gebetsorte bieten sich an:
- Vor dem Altar, wenn Evangeliar/Bibel nach der Verkündigung zum Altar gebracht worden ist.
- Vor dem „Ort des Buches“, an den Evangeliar/Bibel zurückgebracht wurde.
- Mit etwas Abstand zu den beiden vorgenannten Orten im Mittelgang auf Höhe der Mitfeiernden.
- Evangeliar/Bibel kann auch von Ministrantinnen gehalten und von Kerzenträgerinnen begleitet werden. Es ist sinnvoll, dass die Leiterin sich dem Buch zuwendet.

Der Lobpreis sollte emphatisch gesprochen (oder kantilliert) werden.

Falls eine *Verehrung des Wortes Gottes* stattfindet, ist es sinnvoll, den Lobpreis unmittelbar darauf und auch an dem Ort folgen zu lassen, an dem die Verehrung vollzogen wurde. Friedensgruß (und Kollekte) werden dann besser dem Lobpreis (oder gar dem Vaterunser) nachgestellt.

6.2 Hymnus
(sonn- und feiertags)

Erklärung

Unter Hymnus im biblischen Sinn versteht man einen Lobgesang nach Art der Psalmen. Diese haben sich bereits im Urchristentum verbreitet und teilweise Eingang ins Neue Testament gefunden.

Aus der Frühzeit der Hymnendichtung (vor dem 4. Jahrhundert) sind nur wenige Texte erhalten geblieben. Dazu zählt der *Gloria*-Hymnus, der ursprünglich dem Morgengottesdienst (Laudes) zugeordnet war. Im 6. Jahrhundert fand er Eingang in den Eröffnungsteil der Messe, ist aber erst seit dem 12. Jahrhundert – und bis heute – ihr fester Bestandteil an Sonn- und Festtagen.

In der Wort-Gottes-Feier steht der Hymnus nicht im Eröffnungsteil, sondern schließt den Lobpreis ab.

Antwort

Hintergrund

Der frühchristliche *Gloria*-Hymnus ist in seiner heutigen Gestalt dreigliedrig:
- Lobgesang der Engel (vgl. Lk 2,14),
- Preisung des dreifaltigen Gottes,
- Christus-Litanei mit trinitarischem Abschluss.

Formal wirkt das *Gloria* wie eine Aneinanderkettung vieler huldigender Akklamationen. Dieser Typus entstand im Rahmen von triumphalen Einzügen siegreicher Feldherren. Entsprechend wird der Kyrios Christus als Sieger angerufen. Das *Gloria* ist in der Messfeier somit als Ausweitung der Kyrie-Rufe zu verstehen.

Das *Gloria* enthält allerdings nicht nur Preisungen, sondern auch Bitten, wodurch es elegant eine Brücke zu den in der Wort-Gottes-Feier nachfolgenden Fürbitten schlägt.

Grundform

▶ WGF 39, 61

Der Lobpreis schließt üblicherweise mit einer Überleitungsformel, die auf das Einstimmen in den „Gesang der himmlischen Chöre" vorbereitet.

Danach wird unmittelbar von allen gemeinsam der Hymnus gesungen, üblicherweise das *Gloria*. In den Bußzeiten (Advent und Quadragese) wird es durch den Hymnus *Dir gebührt unser Lob (Te decet hymnus)* ersetzt.

Gestaltung

Der Jubelcharakter des großen Lob- und Preisgebets der Kirche kommt besonders gut zum Ausdruck, wenn es von der Gemeinde gesungen wird. Dazu gibt es Vertonungen des Gloriatextes:

- Originaltext lateinisch GL 105 | 109 | 114
- Originaltext deutsch GL 131 | 166 | 173
- Paraphrasen GL 167–172 | 714 | 800 | 807 | 810

Nicht alle dieser Melodien eignen sich für einen festlichen Abschluss des Lobpreises.

Der deutsche und lateinische Text des *Gloria* findet sich unter GL 583.

Es empfiehlt sich, während des Jahres eng am *Gloria*-Text zu bleiben und nicht auf allgemeine Loblieder auszuweichen. Diese haben ihren Ort nach dem Vaterunser als *Loblied/Danklied*. Zudem wird dadurch der Unterschied zu Advent und Quadragese deutlich, wenn statt des Glorias ein anderer Lobgesang zu wählen ist (vgl. WGF 61 und 185).

Eine gute Vertonung des für die Bußzeiten vorgesehenen *Dir gebührt unser Lob (Te decet hymnus)* findet sich unter WGF 185. Stattdessen eignen sich auch Doxologie-Strophen (↗ THEMENSCHLÜSSEL ZUM GOTTESLOB „Lob – 1.a. Doxologien"), besonders:

- 227,5 (Advent)
- 269,4 (Quadragese)

Antwort

6.3 Fürbitten (Allgemeines Gebet)

Erklärung

In den Fürbitten antwortet die feiernde Gemeinde auf das Wort Gottes, indem sie betend die Anliegen von Kirche und Welt vor Gott hinträgt.

Die Fürbitten werden auch *Allgemeines Gebet* oder *Gebet der Gläubigen* genannt. Die ursprüngliche Bezeichnung *oratio universalis* könnte auch mit *Gebet aller für alle* oder mit *universales Gebet* übersetzt werden. An diesen Bezeichnungen, die das Zweite Vatikanische Konzil benutzt, wird deutlich, dass hier die versammelte Gemeinde im Namen der gesamten Kirche betet.

Als Abschluss der Wort-Gottes-Feier ist das *Allgemeine Gebet* meist verbunden mit dem *Vaterunser,* das die formulierten Gebetsanliegen weiterführt: Dass Gottes Reich komme, dass sein Wille geschehe, dass er den Menschen schenke, was sie zum Leben brauchen, dass er mit seiner vergebenden und versöhnenden Liebe unter den Menschen sei und uns von allem Bösen befreie – das wird in den Fürbitten auf konkrete Situationen hin erbeten.

Antwort

Hintergrund

Seit ältester Zeit haben die Christen für andere gebetet (vgl. 1 Tim 2,1–4; 2 Kor 1,11; Eph 6,18f). Die älteste Form bestand im durchgehenden Vortrag eines Einzelnen. Erst später beteiligte sich die Gemeinde mit Gebetsrufen wie *„Erhöre uns und erbarme dich"*.

Seit dem 5. Jahrhundert wurde das *Allgemeine Gebet* durch die Kyrie-Litanei verdrängt, die schließlich an den Beginn des Gottesdienstes wanderte. Erst die liturgische Bewegung des frühen 20. Jahrhunderts und die jüngste Liturgiereform haben das Allgemeine Gebet wieder entdeckt.

Grundsätzlich hat die ganze Gemeinde Anteil

- am Hirten- bzw. Königsamt Christi, d. h. an seinem Dienst für die Menschen *(diakonia)*,
- am Lehr- bzw. Prophetenamt Christi, d. h. an seiner Verkündigung des anbrechenden Reiches Gottes *(martyria)*,
- am Priesteramt Christi, d. h. an seinem Eintreten für uns Menschen beim Vater *(leiturgia)* – wir sprechen daher vom „gemeinsamen Priestertum" aller Gläubigen.

Dieses gemeinsame Priestertum vollzieht die feiernde Gemeinde zum Beispiel dann, wenn sie – wie im Rahmen des Allgemeinen Gebets – die Anliegen von Kirche und Welt vor Gott bringt.

Fürbitten sind keine Bitten für uns selbst, sondern für andere. Auch sind sie nicht der Ort für persönliche Anliegen oder Meinungsäußerungen – auch nicht derer, die den Gottesdienst vorbereiteten –, vielmehr stehen die Versammelten als Repräsentanten der ganzen Kirche vor Gott und empfehlen ihm die Menschheit. Das Allgemeine Gebet muss daher so gestaltet sein, dass alle mit ihrem *Amen* zustimmen können. Es muss daher kontroverse Anliegen vermeiden, darf nicht übergriffig, belehrend oder verabsolutierend sein. Schließlich geht es wie stets im Bittgebet nicht darum, das Verhalten Gottes zu verändern, sondern sich (bzw. andere) ihm anzunähern und in seine bergende Gegenwart einzutauchen.

Das vorbehaltlose Beten *für* jemanden ist eine spirituelle Herausforderung. Nicht nur die Schwachen und Opfer, sondern auch die Unbeliebten oder Gewalttätigen vertrauen wir Gott an. Dabei müssen wir nicht mit deren Handeln einverstanden sein, können es im persönlichen Leben gar bekämpfen, aber für sie zu beten, müssen wir als Getaufte immer bereit sein.

Maßstab für unser Beten können die Worte Jesu sein: „Dein Wille geschehe" (Mt 6,10); „Alles, worum ihr betet und bittet – glaubt nur, dass ihr es schon erhalten habt, dann wird es euch zuteil" (Mk 11,24); „Wenn ihr betet, sollt ihr nicht plappern wie die Heiden, die meinen, sie werden nur erhört, wenn sie viele Worte machen. Macht es nicht wie sie; denn euer Vater weiß, was ihr braucht, noch ehe ihr ihn bittet" (Mt 6,7f).

Wir beten nicht, um etwas Bestimmtes von Gott zu erhalten. Das *Allgemeine Gebet* ist vielmehr ein ritualisiertes Geschehen, in dem wir uns zu einer Gebetsgemeinschaft vor Gott verbinden und ihm andere Menschen, ja die ganze Welt anvertrauen. Das Allgemeine Gebet ist ein feierlicher Akt, in dem kirchliche Gemeinschaft und Gottvertrauen eingeübt und erfahren wird.

Grundform

▶ WGF 39, 61

Meist folgt das Allgemeine Gebet dem Aufbau von Orationen:

- Gebetseinladung („*Lasset uns beten*" oder ausführlicher)
- Allgemeines Gebet (im Unterschied zum persönlichen Gebet, das bei der klassischen Oration in Stille geschieht, werden nun verschiedene Gebetsintentionen laut genannt und von der Gemeinde jeweils mit einem Gebetsruf beantwortet)
- Oration mit Doxologie
- Amen der Gemeinde

Durch die Nennung und Beantwortung mehrerer Gebetsintentionen ergibt sich stilistisch die Form einer Litanei.

In der Regel lädt die Leiterin des Gottesdienstes zum Allgemeinen Gebet ein und schließt dieses ab. Die Einladung ruft die Gemeinde zum Gebet auf, ist aber selbst noch kein Gebet. Allerdings kann bereits die Gebetsrichtung anklingen: Wendet sich die Gemeinde mit den folgenden Bitten an Gott, den Vater, an Christus oder (in seltenen Fällen) an den Heiligen Geist.

Beispiel:

> *„Wir beten zu Gott, der allen Menschen Frieden, Freiheit und Gerechtigkeit verheißt."*

Oder – wenn sich die folgenden Bitten an Christus richten:

> *„Wir beten zu Jesus Christus, unserem Herrn, der allen Menschen nahe ist."*

Die einzelnen Intentionen – es sollten 4–6 sein – werden von Gemeindemitgliedern vorgetragen. Auf jede Intention antwortet die Gemeinde mit einem Gebetsruf. Dieser muss zur Form der vorangehenden Intention und zur Gebetsrichtung passen. Richtet sich das Gebet beispielsweise an Gott Vater, wäre der Ruf *„Christus höre uns"* unpassend. Die Gemeinde kann sich das Anliegen auch in Stille zu eigen machen.

Damit der Charakter der Fürbitten als „Bitten für andere" nicht aus dem Blick gerät, nennt das Messbuch (AEM 45) vier wichtige Bereiche. Wir bitten:

- für die Anliegen der Kirche,
- für die Regierenden und das Heil der ganzen Welt,
- für alle von verschiedener Not Bedrückten,
- für die Ortsgemeinde.

Grundsätzlich wird in jeder Intention die Person oder Gruppe genannt, für die man bittet. Eine nähere Bestimmung (was man für diejenigen erbittet) kann, muss aber keineswegs dazukommen.

In der Wort-Gottes-Feier schließt sich (wie in der Tagzeitenliturgie) an die Fürbitten das Vaterunser an. Daher wird das Allgemeine Gebet nicht durch Oration und *Amen* abgeschlossen. Die Leiterin des Gottesdienstes formuliert stattdessen eine Überleitung zum Gebet des Herrn.

Allgemeines Gebet und Vaterunser sind das zusammenfassende Schlussgebet des Gottesdienstteils *Antwort der Gemeinde.*

Gestaltung

Das Allgemeine Gebet kann **verschiedene Formen** annehmen. Am gebräuchlichsten ist die Orationsstruktur, wie sie unter „Grundform" beschrieben ist. Daneben begegnen aber auch andere Formen:

- „Große Fürbitten" (am Karfreitag), jeweils mit einer Gebetseinladung, die das Anliegen ausführlich beschreibt, einem (zum Zeichen inständigen Betens kniend verrichteten) Stillgebet und einer abschließenden Oration. Diese Form ist älter als die heute übliche und eignet sich vor allem dann, wenn das (Für-)Bittgebet einen Schwerpunkt im Gottesdienst bildet.
- Litaneien, die Bitten mit den Anrufungen des Namens Gottes oder von Heiligen verbinden. Beispiele sind die „Laudes Hincmari" (GL^{1975} 563) oder die „Allerheiligenlitanei" GL 556,6, die sich vor allem an Heiligen- oder Kirchweihfesten eignen. Weitere Beispiele für Fürbittlitaneien GL 632,1 | 644,5f | 661,7.
- Gebete, die in einem durchgehenden Text verschiedene Intentionen beinhalten (z. B. GL 19,6 | 20,2). Daneben gibt es eine Vielzahl von Beispielen aus der Zeit der Kirchenväter, die heute noch als Allgemeines Gebet verwendet werden können.

Anstatt situationsbezogener Texte, die oft mit großem Aufwand für nur einen einzigen Gottesdienst entstehen oder aus irgendwelchen Vorlagen stammen, können **allgemeine Fürbitten** an ihre Stelle treten, die – obwohl nicht mit konkretem Zeit- und Gemeindebezug – den Blick der Versammelten auf die Anliegen von Kirche und Welt weiten.

Beispiel anhand der vier Intentionen aus dem Messbuch:

Im gemeinsamen Gebet wenden wir uns Gott zu:
- Lasst uns beten für die Kirche. – *Stille*
- Lasst uns beten für die Regierenden und die ganze Welt. – *Stille*
- Lasst uns beten für alle Notleidenden. – *Stille*
- Lasst uns beten für unsere Gemeinde. – *Stille*

Guter Gott, dir vertrauen wir uns an. Erhöre unser Gebet und sei uns nahe, alle Tage unseres Lebens.

Weitere acht Modelle finden sich im Messbuch (Anhang III).

In **situativen Fürbitten** zeigt sich beispielhaft, ob in der Liturgie wirklich das Leben zur Sprache kommt und ob Gottesdienst tatsächlich Feier des Lebens ist. Dennoch sollten solche Fürbitten bei aller Konkretion nicht die nötige Weite allgemeinen Betens aus dem Blick verlieren. So können Standardformeln um konkrete Personen(-gruppen) ergänzt werden.

Beispiel anhand der vier Intentionen aus dem Messbuch:

Lasst uns gemeinsam zu Jesus Christus beten:
- Für unseren Bischof *N.* und alle christlichen Kirchen. – *Kyrie eleison*
- Für die Delegierten im Weltsicherheitsrat und den Frieden in der Welt. – *Kyrie eleison*
- Für die Betroffenen der Erdbebenkatastrophe in der Türkei und alle Notleidenden. – *Kyrie eleison*
- Für unsere Erstkommunionkinder und unsere ganze Gemeinde. – *Kyrie eleison*

Herr, du hörst die Stimme deiner Kirche, wenn sie zu dir ruft. Sei bei uns, denn wir vertrauen dir, heute und in Ewigkeit.

Die einzelnen **Intentionen** des Allgemeinen Gebets können

a) als Gebetsaufforderung an die Gemeinde gerichtet sein:
Für alle, die um einen Verstorbenen trauern.

b) als Gebet an Gott gerichtet sein:
Schenke allen, die um einen Verstorbenen trauern, Lebensmut und Zuversicht.

c) beides kombinieren:
Für alle, die um einen Verstorbenen trauern: um Lebensmut und Zuversicht.

Grundsätzlich wird also in den Fürbitt-Intentionen das *Für* genannt. Ein *Um* kann – muss aber keineswegs – hinzutreten. Eine solche Ergänzung der Intention führt stets in eine bestimmte Richtung und sollte daher inhaltlich sehr allgemein gehalten werden, damit sie für alle zustimmungsfähig bleibt.

Es ist ein gutes Stilprinzip und hilft der antwortenden Gemeinde, wenn alle aufeinanderfolgenden Intentionen denselben Aufbau haben, ähnlich rhythmisiert und etwa gleich lang sind.

Es kann sinnvoll sein, nach der letzten Intention – bevor die Leiterin zum Gebet des Herrn überleitet – eine kurze Zeit der Stille zu halten, in der alle für die Menschen beten können, die sie persönlich im Herzen tragen.

Die Gemeinde macht sich die Intention durch einen **Gebetsruf** zu eigen. Vielfach ist dies *„Wir bitten dich, erhöre uns."*

Um jedoch eine angemessene Zeit der Stille nach jeder Intention zu ermöglichen, sind zweigliedrige Rufe vorzuziehen:

V: *Gott, unser Vater:* – A: *Wir bitten dich, erhöre uns.*

V: *Christus, höre uns.* – A: *Christus, erhöre uns.*

Ein Blick in die Bitten und Fürbitten der Tagzeitenliturgie zeigt, dass es zahllose kreative Möglichkeiten gibt, den Gebetsruf zu variieren.

Sinnvoll ist es, ihn vor der Nennung der ersten Intention vorzusagen und von allen wiederholen zu lassen.

Auch die **Gebetsstille** nach einer Intention kann Antwort der Gemeinde sein. Manchmal entsteht dadurch eine intensivere Form des Gebets als durch einen schematischen Ruf.

Der Gebetsruf kann auch gesungen werden (GL 181 | 182 | 556,6 | 586,5f | 632,1).

Ebenso sind **gesungene Fürbitten** möglich. In der Allgemeinen Einführung ins Messbuch (AEM 47) ist ausdrücklich auch die Kantorin für die Nennung der Intentionen vorgesehen. Natürlich sollten dann Gebetseinladung und Abschluss/Überleitung ebenfalls kantilliert werden.

Die Bitten können auch eine **rituelle Wirkung** jenseits des gesprochenen Wortes entfalten, wenn die Person, die eine Intention vorträgt, Weihrauchkörner auf eine glühende Kohle legt (als Symbol des zu Gott aufsteigenden Gebets, vgl. Ps 141,2) oder eine Kerze bzw. ein Teelicht entzündet. Dabei sind entsprechende Gebetsrufe sinnvoll (GL 97 | 98 | 661,2 | 900 || 38,1 | 365 | 373 | 636,1), die auch die Stelle der Einleitung zum Allgemeinen Gebet einnehmen können. Ebenso kann Stille die Zeichenhandlung unterstreichen.

Beim Vortrag des Allgemeinen Gebets ist auf einen passenden **Ort** und eine stimmige **Körpersprache** zu achten:

Spreche ich die Gemeinde an *(„Wir beten für …“)*, ist ein Ort mit Blickrichtung Gemeinde und Blickkontakt mit ihr angebracht.

Spreche ich dagegen Gott an, ist es unpassend, in die Gemeinde zu blicken. Selbst der auffordernde Blick in die Gemeinde am Ende einer Intention, der das Zeichen zum Antworten geben soll, wirkt unter Umständen störend. Stimmiger ist es, wenn die Intentionen direkt aus der Gemeinde mit Blick zum Altar vorgetragen werden oder zumindest allein durch den Tonfall in der Satzmelodie (und nicht durch Aufblicken) das Ende der Intention kenntlich zu machen.

Fürbitten formulieren

Für die Vorbereitung von Fürbitten können folgende Fragen hilfreich sein:

- Was aus dem Leben Gottes berührt uns heute? Ergeben sich aus den Schrifttexten Gebetsintentionen? Worauf richten sie uns aus? Gibt es dem Anlass der Feier, der versammelten Gemeinde oder der Kirchenjahreszeit entsprechend Personen(-gruppen), die wir heute besonders in den Blick nehmen?
- Was aus dem kirchlichen Leben bewegt uns? Für welche Personen oder welche Entwicklungen wollen wir beten? (Hierbei ist allerdings daran zu denken, dass im Gottesdienst auch Menschen mitfeiern, die kirchenpolitisch anders denken und die ebenfalls mitbeten können wollen!)
- Was aus dem Weltgeschehen bewegt uns? Was haben wir in den vergangenen Tagen in den Medien an aktuellen Ereignissen aus anderen Ländern, aus unserem Land, aus unserer Ortschaft mitbekommen? (Politik, Wirtschaft, Unglücksfälle, Katastrophen, brisante Diskussionspunkte, Krieg, Terror, Gewalt, hoffnungsvolle Initiativen, zuversichtlich stimmende Entwicklungen ...) Was hat uns besonders bewegt oder erschüttert? Wo spüren wir am meisten Hilflosigkeit? (Auch hier ist zu bedenken, dass im Gottesdienst auch politisch Andersdenkende sind, die in den Fürbitten nicht ausgegrenzt werden sollten!)
- Wo haben wir in der vergangenen Zeit menschliche Not besonders hautnah erlebt?

Welche Personen oder Gruppen unserer Gemeinde, die jetzt nicht mit uns feiern, können unser besonderes Gebet brauchen? (Kranke, Kleinkinder, junge Mütter und Väter, Fernstehende ...) Welche aktuellen Vorgänge gibt es zur Zeit in unserer Gemeinde, die wir durch unser Gebet unterstützen könnten? (Klausurtag des Pfarrgemeinderats, Suche nach einem neuen Pfarrer, Vorbereitung der Kinder auf die Erstkommunion, Einrichtung eines Offenen Jugendtreffs ...)

Hilfreich sind auch folgende Testfragen:

- Könnte ich selbst in meinem persönlichen Gebet dieses Anliegen Gott vortragen?
- Können sich die Mitfeiernden diesem Anliegen ohne Verrat an ihrer inneren Überzeugung anschließen?
- Würde Gott auf die Bitte antworten: „Mach's selbst!"

Es geht am Sinn von Fürbitten vorbei, wenn

- die Anwesenden für sich selbst bitten,
- die Fürbitten zu moralischen Appellen an Anwesende oder gar an Abwesende missbraucht werden (etwa: *„Schenke uns am heutigen Misereor-Sonntag eine offene Hand für die Notleidenden in der Welt"*),
- der Charakter des *allgemeinen* Betens der konkreten Versammlung im Namen der ganzen Kirche außer Acht gelassen wird.

Die entscheidende Frage bei der Formulierung ist, ob tatsächlich Gott um sein Handeln gebeten wird oder ob nur die Erwartung an Menschen in eine Anrede an Gott gepackt wird.

Je konkreter die Intentionen formuliert sind, desto ansprechender sind sie.

„Hilf allen Opfern von Unglücksfällen" ist blasser als: *„Lass die Hinterbliebenen der Opfer des gestrigen Zugunglücks die Hoffnung nicht verlieren."*

Peinlichkeiten oder Bloßstellungen sind jedoch zu vermeiden.

Die Fürbitten bieten die Möglichkeit, in den Gottesdienst der Gemeinde Persönliches einzubringen. Diese Chance könnte noch mehr genutzt werden, als es vielerorts bisher üblich ist. So wäre es beispielsweise sinnvoll,

- dass die Fürbitten nicht von einer Person, sondern von mehreren vorgetragen werden, die jeweils einen Bezug zu den genannten Personen haben,
- dass man (etwa in einem in der Kirche aufliegenden Fürbittbuch, einer Gebetswand oder in einem „Kummerkasten") Anliegen der Gemeindemitglieder sammelt,
- dass man die Mitfeiernden zum spontanen Äußern von Gebetsanliegen auffordert.

Die so gewonnenen Intentionen sollten aber nicht unbesehen vorgetragen, sondern in den Kontext des Allgemeinen Gebets eingegliedert werden. Findet sich dort beispielsweise das Anliegen *„Gott, hilf mir bei der bevorstehenden Operation"*, könnte daraus formuliert werden *„Für alle, denen eine Operation bevorsteht und alle Kranken."*

6.4 Vaterunser

Erklärung

Unter „Gebet des Herrn" verstehen wir das – nach seinen Anfangsworten gängigerweise meist als *Vaterunser* bezeichnete – Gebet, das Jesus seine Jünger beten lehrt und das uns im Neuen Testament in zwei Fassungen überliefert ist (Mt 6,9–13; Lk 11,2–4).

Hintergrund

Mt und Lk haben das Vaterunser aus der Logienquelle Q übernommen, die ihnen neben Mk als zweite Vorlage für ihr Evangelium diente. Der unterschiedliche Wortlaut des Vaterunsers in den beiden Evangelien ist vor allem auf die jeweilige Gemeindesituation bzw. auf die unterschiedliche liturgische Praxis in der matthäischen bzw. in der lukanischen Gemeinde zurückzuführen. In der bibelwissenschaftlichen Forschung nimmt man jedoch an, dass Lk mit seiner aus nur fünf Bitten bestehenden Kurzfassung den ursprünglichen Wortlaut des Gebetes besser bewahrt hat als Mt. Wenn man sich das uns vertraute Vaterunser ansieht, wie es auch in unseren Gottesdiensten gebetet wird, kann man allerdings feststellen, dass es in seiner Gestalt eher der von Mt erweiterten Fassung ähnelt.

Sowohl in seinem Aufbau und Rhythmus als auch in seinem Inhalt erinnert das Vaterunser an gängige jüdische Gebete (vor allem an das *Kaddisch* und das sogenannte *Achtzehnbittengebet*). Zu jeder Vaterunser-Bitte lassen sich Parallelen in diesen jüdischen Gebeten finden. Insofern ist das Gebet des Herrn ein typisch jüdisches Gebet. Auffällig – wenn auch im jüdischen Kontext nicht einmalig – ist die Gebetsanrede Gottes mit „Vater". Aus jüdischen Gebeten ist zwar die Anrede Gottes als „Vater" bekannt (vgl. Weisheit 14,3; Sirach 23,1–4), die vertrauliche Form des aramäischen Begriffs „Abba", wie sie wahrscheinlich in der ursprünglichen Fassung des Vaterunsers gewählt wurde, ist aber zumindest ungewöhnlich. Die Bezeichnung „Abba" stammt aus dem engen familiären Kontext und wurde im Aramäischen vornehmlich als Anrede von kleinen Kindern an ihre Väter verwendet. Wenn sie im Vaterunser als Gottesanrede gebraucht wird, wird damit die im Judentum bekannte Vorstellung von Gott als dem Vater aufgegriffen, um die Beziehung zwischen Gott und den Menschen als inniges Vertrauensverhältnis zu kennzeichnen: Wie kleine Kinder auf ihren Vater vertrauen, so können Menschen mit der Zuwendung Gottes rechnen.

In seiner ältesten Gestalt gliedert sich das Vaterunser in zwei Strophen. Die erste Strophe des ursprünglichen Textes enthält zwei sogenannte **Du-Bitten**: *„geheiligt werde dein Name"*; *„dein Reich komme"* (Mt ergänzt: *„dein Wille geschehe wie im Himmel so auch auf Erden"*). Hier ist es vor allem die Bitte um das baldige Kommen der Gottesherrschaft, die wie ein Vorzeichen die folgenden Bitten bestimmt. Sie passt zu der auch sonst im Mittelpunkt der Predigt Jesu stehenden Aussage, dass der Anbruch des Reiches Gottes bereits im Gange sei (Mk 1,15).

Antwort

In der zweiten Strophe folgen die sogenannten drei **Wir-Bitten**: *„Unser tägliches Brot gib uns heute"*; *„Erlasse uns unsere Schulden, wie auch wir sie unseren Schuldnern erlassen"*; *„Und führe uns nicht in Versuchung"*. Die erste Wir-Bitte um das tägliche Brot ist nur vor dem Hintergrund einer sozial bedrängten Situation richtig zu verstehen, in der sich Wanderprediger – und als solche waren Jesus und seine Jünger wohl unterwegs – befanden. Der Beter, der nicht selbstverständlich davon ausgehen kann, dass er für den nächsten Tag genug zu essen hat, vertraut darauf, dass Gott ihm das Überleben (= Brot) sichert. Mit der sich anschließenden Vergebungsbitte greift das Vaterunser wieder ein typisch jüdisches Motiv auf (vgl. Sir 28,2–5 oder auch Gebete an Jom Kippur, dem jüdischen Versöhnungstag): Die Vergebung durch Gott ist nach diesem Verständnis sehr eng mit der Bereitschaft zur zwischenmenschlichen Versöhnung verknüpft. Die älteste Form des Vaterunsers schließt mit der etwas befremdlich anmutenden Bitte ab, Gott möge den Beter nicht in Versuchung führen. Diese Bitte will weniger eine Aussage darüber treffen, ob Gott der Urheber von Versuchungen ist und letztlich damit auch das Böse bewirkt. Vielmehr geht es darum, die umfassende Macht Gottes zu beschreiben, der das menschliche Leben mit all seinen Facetten in seinen Händen hält.

Mt hat die Versuchungsbitte folgendermaßen verstanden: Lass uns nicht in Situationen geraten, in denen unsere Entscheidung für Gott zu sehr auf die Probe gestellt wird. Deshalb hat er sie durch eine Ergänzung, die in das uns bekannte Vaterunser eingegangen ist, positiv erweitert: *„sondern bewahre uns vor dem Bösen“*. Entsprechend haben die französischsprachigen Katholiken die Versuchungsbitte 2017 neu formuliert. Übersetzt lautet sie etwa: *„Lass uns nicht in die Versuchung eintreten“*. Gott führt also nicht in die Versuchung, sondern schützt vor ihr.

Eine am Anfang des 2. Jahrhunderts entstandene christliche Schrift, die sogenannte DIDACHE (griech. *Lehre*; gemeint ist: Lehre der zwölf Apostel) sieht vor: Der Christ soll dreimal täglich das Gebet des Herrn beten, versehen mit einer Doxologie (Lobpreis) als Zusatz: *„Denn dein ist das Reich und die Kraft und die Herrlichkeit in Ewigkeit. Amen.“* (Did 8,2f). Schon in den Anfängen der christlichen Kirche wurde also die auch sonst in jüdischen Gebeten übliche Schlussdoxologie, die in ihrer Form durchaus variieren konnte (vgl. 1 Chr 29,10–12), mitgebetet.

Die APOSTOLISCHEN KONSTITUTIONEN aus dem 4. Jahrhundert empfehlen für jeden Tag sogar das siebenmalige Gebet des Vaterunser. Entsprechend ist es in die Gebetszeiten der Tagzeitenliturgie aufgenommen worden.

Dort findet das Gebet seinen Platz als krönender Abschluss der Bitten. In der nach dem Zweiten Vatikanischen Konzil erneuerten Tagzeitenliturgie steht es in den Laudes (im Morgenlob) nach den Bitten und in der Vesper (im Abendlob) nach den Fürbitten als zusammenfassender Abschluss vor dem Schlusssegen. In dieser Anordnung hat es auch seinen Eingang in die Wort-Gottes-Feier gefunden und ist dort im Anschluss an die Fürbitten deren Zusammenfassung und Höhepunkt.

In der Eucharistiefeier steht das Gebet des Herrn seit altkirchlicher Zeit nach dem Ende des Hochgebets am Beginn des Kommunionteils, weil man

- in die Brotbitte *(„Unser tägliches Brot gib uns heute“)* schon bald den Gedanken an das eucharistische Brot einschloss und
- die Vergebungsbitte *(„Vergib uns unsere Schuld, wie auch wir vergeben unseren Schuldigern“)* als Voraussetzung für Friedensgruß und Kommunionempfang erkannte.

Dementsprechend wird in einer Wort-Gottes-Feier, die eine Kommunionfeier einschließt, das Gebet des Herrn nicht direkt nach den Fürbitten, sondern zu Beginn des Kommunionteils als eine Art Tischgebet gesprochen. Die Fürbitten werden in diesem Fall durch Oration und Amen abgeschlossen.

In der altkirchlichen Vorbereitungszeit der erwachsenen Taufbewerber (Katechumenat) gab es eine feierliche Übergabe des Gebets des Herrn. So kann man das Beten des Gebets des Herrn auch als Erinnerung an die eigene Taufe verstehen.

Antwort

Grundform

▶ WGF 39, 61f

Setzt das Vaterunser die Fürbitten fort, formuliert die Leiterin eine Überleitung, z. B. *„Fassen wir all unsere Bitten zusammen im Gebet, das der Herr uns gelehrt hat.“*

Aus dem Messbuch wurden verschiedene Einleitungen für das Vaterunser übernommen, die vor allem dann verwendet werden können, wenn die Fürbitten (wie bei einer Wort-Gottes-Feier mit Kommunionspendung) nicht unmittelbar vorausgehen (WGF 61). Laut Messbuch sind auch frei formulierte Einladungen möglich, die der Zeit des Kirchenjahres angepasst werden können.

Das Vaterunser sprechen alle gemeinsam. Es folgt kein *Amen*.

Die Doxologie *(„Denn dein ist das Reich …“)* wird in der Regel direkt angehängt und mit *„Amen“* abgeschlossen.

- In der Messfeier wird zuvor der sogenannte Embolismus (wörtl. Einwurf: *„Erlöse uns, Herr, allmächtiger Vater, von allem Bösen und gib Frieden in unseren Tagen ...“*) als besonderes Gebet um den innerweltlichen Frieden eingeschoben.
- Wenn nach dem Vaterunser noch eine Oration folgt (so z. B. in der Tagzeitenliturgie) unterbleibt die Doxologie, weil diese in der Oration enthalten ist.

Gestaltung

Eine gestische Unterstützung des zentralen Herrengebetes kann darin bestehen, dass alle die Orantenhaltung einnehmen oder ihre Hände in der Geste des Empfangens ausbreiten. Es kann auch angemessen sein, einander die Hände zu reichen – evtl. sogar über den Mittelgang hinweg.

Nicht nur mit Kindern kann das Gebet des Herrn mit wechselnden Gebärden gebetet werden.

Das Gebet des Herrn kann gesungen werden (GL 589,2f | 632,2 | 661,8).

6.5 Loblied/Danklied

Erklärung

Im gemeinsamen Lied dankt und lobt die Gemeinde den Herrn für seine Gegenwart.

Es kann auch die Botschaft der Schriftlesungen oder die Thematik des Kirchenjahres im Lied zum Ausdruck gebracht werden.

Hintergrund

Ein solches die Liturgie abschließendes Lied hat kein Vorbild in der Tradition. Auch der Dankhymnus nach der Kommunion in der Messfeier ist ein Element, das erst nach dem Konzil entwickelt wurde. Er ist dort ausdrücklich auf den Kommunionempfang bezogen, der durch das nachfolgende Schlussgebet abgeschlossen wird.

In der Wort-Gottes-Feier wird mit diesem Lied der Antwortteil der Gemeinde abgeschlossen. Es hat somit zusammenfassenden Charakter und macht noch einmal das Geschehen der Feier deutlich, indem es die Gegenwart des Herrn und die Situation des Menschen in Korrelation zueinander stellt.

Grundform

▶ WGF 39,62

Die Grundform ist ein Lied, das sinnvollerweise mit allen Strophen gesungen wird.

Gestaltung

Das Lied kann als Gemeindegesang, im Wechsel zwischen Vorsänger und allen oder in verschiedenen Gruppen gesungen werden. Längere Strophenlieder können auch zwischen linker und rechter Seite oder zwischen Männern und Frauen aufgeteilt werden.

Bisweilen sind musikalische Zwischenspiele für das Verständnis und die Vertiefung des Textes hilfreich.

Auch können hier passende Lieder zeitgenössischer Texter und Komponisten Verwendung finden. In der Regel sollte es sich um keinen reinen Vortrag (oder gar eine Medieneinspielung) handeln, sondern die Gemeinde beteiligt werden.

Eine Dopplung zum Hymnus nach dem Lobpreis ist zu vermeiden.

7 ABSCHLUSS

Unter dem *Abschluss/Schlussteil* verstehen wir den letzten Teil einer liturgischen Feier, der als Gelenkstück zwischen dem „Gottesdienst der Liturgie“ und dem „Gottesdienst des Alltags“ steht. Er löst die Zusammenkunft auf, um die Menschen gestärkt durch Gottes Wort in die Welt zu entlassen.

Als Gesendeter versucht der Mensch die Welt im Sinne Jesu zu gestalten. Er wird zum Zeugen für Gottes Reich in seinem Alltag. Der Schlussteil bündelt die Botschaft und weist in den Alltag der Christen hinaus. So kann das, was in der Liturgie gebetet und gefeiert wurde, das alltägliche Leben prägen.

Hintergrund

Menschliches Leben braucht feste Formen. Zusammenkünfte brauchen einen eindeutigen Anfang und Abschluss, damit sie als ein dynamischer Prozess im Leben wahrgenommen werden können.

Durch den Schlussteil soll der Zusammenhang zwischen Gottesdienst (Liturgie) und „normalem Leben“ sichtbar werden. Er ist der Teil der Liturgie, in welchem die drei Grundfunktionen christlicher Gemeinde deutlich ineinander spielen.

Der Mensch bekommt im Segen die Zusage der Gegenwart Christi und wird gesandt zum diakonischen Handeln in der Gemeinde. Durch das gehörte Wort wird er selbst an seinem Lebensplatz Verkünder der frohen Botschaft.

Gottes Wort bewirkt durch den konkreten Menschen, wozu es ausgesandt ist, wenn es den Menschen in seinem Herzen trifft.

Gott selbst ist da bei den Menschen in seinem Wort (vgl. Dtn 30,11–14).

Jesus selbst sendet seine Jünger immer wieder aus, damit sie Gutes tun, heilen und der Welt das Evangelium verkünden (vgl. z. B. Mt 10,5–15 par Mk 6,8–10; Mt 28,16–20).

Als Jünger in unserer Welt sind wir Gesandte, die Gottes Wort und die Botschaft Jesu vom Reich Gottes in unserem Leben erspüren können und anderen davon Zeugnis geben.

Grundform

▶ WGF 40, 63f

Zum Schlussteil des Gottesdienstes gehören:

- Mitteilungen
- Segensbitte
- Entlassung
- (Schluss-, Abend-, Morgen-, Marienlied)

Gestaltung

Der Schlussteil sollte mit derselben Sorgfalt gestaltet werden wie der Eröffnungsteil. Auch wenn hier nicht viele Worte gemacht werden müssen, steht er insgesamt doch als ein „Schlusswort" für die Feier, das sich bei vielen Menschen einprägt und Lebens- und Handlungshilfe für die kommende Zeit sein kann. Die Botschaft des Gottesdienstes kann hier noch einmal konkretisiert werden durch ein geistiges oder symbolisches Mitbringsel („back home") oder durch ein „Wort für die Woche".

Während des Schlussteils befindet sich die Leiterin an ihrem Platz. (Nicht am Ambo oder Altar!)

7.1 Mitteilungen

Erklärung

Mitteilungen sind Informationen und Ankündigungen aus den verschiedenen Gruppen für das Gemeindeleben.

Wünschenswert kann an dieser Stelle auch eine abschließende Konkretion der Botschaft des Gottesdienstes sein, die den Inhalt der Feier zusammenfasst und den Mitfeiernden als Anregung zur Lebensgestaltung dienen kann.

Hintergrund

Christliches Leben der Gemeinde ereignet sich in den Wesensvollzügen *Liturgia*, *Koinonia* und *Martyria*. Deshalb ist es wichtig, dass im Gottesdienst alle Bereiche ihren Platz haben und ineinander wirken. Gerade bei den Mitteilungen wird deutlich, wo in der kommenden Zeit christliches Leben geschieht. Die Liturgie ist zudem der Ort, an dem sichtbar wird, dass auch das Leben außerhalb des Gottesdienstes unter den Augen Gottes geschieht; deshalb hat es seinen Platz in der Liturgie.

Grundform

► WGF 40, 63

Die Mitteilungen haben ihren Platz nach dem Loblied/Danklied und vor der Segensbitte. Am Schluss des Gottesdienstes sind lange Reden ebenso störend wie zu Beginn. Die Mitteilungen sollten daher möglichst kurz sein und nur das zur Sprache bringen, was nicht schon über andere Informationskanäle hinreichend verbreitet wird oder zum „Standardprogramm“ der Gemeinde gehört.

Mimik und Gestik sollten so natürlich wie möglich sein. Ritualisiertes Sprechen hat hier keinen Platz.

Gestaltung

Es ist sinnvoll, die Mitteilungen nicht dem Zufall zu überlassen, sondern im Vorfeld zu entscheiden, was, wie und von wem angekündigt wird. Die evangelische Tradition kennt sogenannte „Verkündbücher", in denen die Vermeldungen für die kommende Woche gesammelt werden – heute sind sie wichtige Quellen für die Erforschung des Gemeindelebens.

Es ist gut und bringt Lebendigkeit in den Schlussteil, wenn die jeweiligen Mitteilungen von den entsprechenden Personen gesprochen werden, denen sie ein Anliegen sind. Damit wird deutlich, dass Liturgie von der ganzen Gemeinde gestaltet und gefeiert wird. Die Mitteilung kann – wenn allgemeine Verständlichkeit gewährleistet ist – auch vom Platz aus geschehen. Stets ist darauf zu achten, dass die Balance zwischen kurzer Ankündigung und Werbung gehalten wird.

Mitteilungen wirken möglicherweise deplatziert, wenn:
- eine große Anzahl gemeindefremder Gäste (z. B. bei Wallfahrten oder Festgottesdiensten) unter den Teilnehmern ist,
- die Dynamik des Gottesdienstes die Mitteilungen wie eine Unterbrechung wirken ließe (z. B. wenn ein feierlicher Segen mit *Te Deum* oder eine Prozession folgt).

In diesen Fällen – oder wenn die Mitteilungen zu zahlreich sind – können auch Handzettel (anstelle des oder ergänzend zum gesprochenen Wort) hilfreich sein.

Als Abschluss der Mitteilungen und als Überleitung zum Segen kann ein „Wort auf den Weg" stehen. Es versteht sich als Verdichtung und Konkretion der Verkündigung des nun zu Ende gehenden Gottesdienstes. Es kann je nach Inhalt auch in der Form variiert werden. In jedem Fall soll es kurz und prägnant formuliert sein.

An dieser Stelle kann auch auf ein (am Ausgang erhältliches) „back home" hingewiesen werden: etwa ein Meditationsbildchen oder ein anderes Erinnerungsstück an den Gottesdienst.

Wird ein solches „back home“ verwendet, sollte dies auch zu den Kranken und zu Menschen aus der Gemeinde gebracht werden, die den Gottesdienst nicht mitfeiern konnten.

Ein profaner Abschiedsgruß (*„Ich wünsche Ihnen einen schönen Sonntag und eine gute Woche.“*) ist an dieser Stelle unpassend. Sinnvoller ist dagegen die überleitende Formulierung *„Bitten wir Gott um seinen Segen für die kommende Woche.“*

7.2 Segensbitte

Erklärung

Am Schluss des Gottesdienstes steht die bleibende Zusage der Gegenwart Gottes.

In der Segensbitte erbitten wir den Beistand und die Hilfe Gottes und machen uns bewusst, dass wir von Gott gesegnet sind.

Es ist Aufgabe der Leiterin, die Segensbitte auszusprechen.

Hintergrund

Das Wort *segnen* kommt vom lateinischen *signare* und bedeutet: *(mit einem Siegel / dem Kreuz) bezeichnen*. Segnen ist immer Handeln Gottes am Menschen. Bereits im Alten Bund wird der Segen als Heilszeichen Gottes erfahren und ist auf das Wohlergehen und die Zukunft des Menschen ausgerichtet. So segnet Gott die Geschöpfe (Gen 1,22), die Stammväter (Gen 1,28; 5,2; 9,1; 12,2), ganze Familien und Nachkommen (Dtn 7,13; Ri 13,24). Gottes Segen wird durch die Menschen weitergegeben. So segnen Mose (Ex 39,43), Aaron (Lev 9,22) und Bileam (Num 24,1) das Volk Israel. Oft wird der Segen auch durch Handauflegung unterstrichen (z. B. Gen 48,14; Num 27,22).

Im NT segnet Jesus die Kinder (Mk 10,16) und seine Jünger (Lk 24,50). Nach Apg 3,26 ist Jesus vom Vater gesandt worden, um zu segnen.

Im Auftrag Jesu sind alle Getauften dazu aufgerufen, Gottes Segen weiterzugeben, damit die Menschen einer guten Zukunft entgegengehen.

Viele Jahrhunderte lang endeten christliche Gottesdienste ohne eine feste Segensformel. Dass Gottesdienste mit einem Segen enden, hat sich historisch aus dem Segen des Bischofs entwickelt. Beim Auszug durch die Kirche segnet dieser noch heute die versammelten Gläubigen. Noch bis zur letzten Liturgiereform wurde der Segen bei der Messfeier – bereits seit dem 12. Jahrhundert an den Altar verlegt – entsprechend diesem Brauch auch erst nach der Entlassungsformel *„Ite, missa est“ (Gehet hin in Frieden)* gesprochen.

Grundform

▶ WGF 40, 63

Am Ende des Gottesdienstes bittet die Leitern um den Segen Gottes. Dazu bekreuzigt sie sich selbst.

Die Gemeinde antwortet mit *„Amen“*.

Während sich bei gottesdienstlichen Segensformeln typischerweise ein Einzelner kommunikativ einer Gruppe zuwendet *(„Es segne euch ...“)* schließt sich die Sprecherin einer Segensbitte in den Kreis der zu Segnenden mit ein *(„Es segne uns ...“)*. Sprachliches Charakteristikum beider Formen ist der Konjunktiv.

Gestaltung

Gehen Mitteilungen voraus, ist eine Überleitung als deren Abschluss sinnvoll. Dies kann in Form einer kürzen Bündelung zentraler Aussagen des endenden Gottesdienstes oder durch den Aufruf *„Bitten wir nun den Herrn um seinen Segen"* geschehen. Damit sammelt die Leiterin die Gemeinde für den letzten Akt der Feier.

Die Segensbitte selbst kann frei formuliert werden. Auch hier kann noch einmal das Thema des Gottesdienstes aufscheinen. In offiziellen und in anderen Büchern gibt es eine Reihe von Vorlagen (GL 13 | 704f). Auch die *feierlichen Schlusssegen* (MB 532ff) oder die *Segensgebete über das Volk* (MB 568ff) aus dem Messbuch können verwendet werden.

Ein Segen kann auch ohne trinitarische Abschlussformel auskommen. Typisches Beispiel ist der sogenannte Aaronitische Segen (Num 6,24–26), bei dem die Erweiterung „Das gewähre euch der dreifaltige Gott ..." stets wie ein Fremdkörper anmutet. Auch die dreigliedrigen Formeln des Messbuchs können ohne eine solche Formel verwendet werden. Die Tagzeitenliturgie hält zwei weitere Varianten bereit:

- *„Der Herr segne uns, er bewahre uns vor Unheil und führe uns zum ewigen Leben. – Amen."*
- *„Eine ruhige Nacht und ein gutes Ende gewähre uns der allmächtige Herr. – Amen."*

Auch ein Segenslied kann an die Stelle einer Segensbitte treten.

7.3 Entlassung

Erklärung

Der Entlassungsruf markiert das Ende eines Gottesdienstes. Er ist grundsätzlich Aufgabe der Leiterin.

Hintergrund

Die Tradition, eine Versammlung mit einem eindeutigen Entlassungswort an das Volk zu beenden, stammt aus der griechisch-römischen Antike. Noch heute ist es z. B. versicherungsrelevant, ob die Versammlung bereits offiziell beendet oder das informelle Gespräch im Anschluss noch Teil der Versammlung war. In der Liturgie gab es Entlassungsworte an verschiedenen Stellen, z. B.:

- vor dem allgemeinen Gebet an die Katechumenen,
- vor der Kommunion an diejenigen, die nicht kommunizieren wollten.

Grundform

▶ WGF 40, 64

Der Entlassungsruf setzt sich aus dem Wort der Leiterin und der Antwort der Gemeinde zusammen. Er wird am Leitungsort (nicht am Ambo oder Altar) und der Gemeinde zugewandt gesprochen.

Gestaltung

Der Entlassungsruf kann auch gesungen werden, vor allem wenn er – wie in der österlichen Zeit – um das Halleluja erweitert wird (GL 591,6).

Es ist möglich, den Entlassungsruf durch eine Geste der Entlassung zu unterstützen.

Der Ruf kann eine Sendung beinhalten.

Er kann auch – vor allem bei der Verwendung kurzer Segensformeln aus der Tagzeitenliturgie – ganz entfallen.

7.4 Lied und Auszug

Nach dem Ende der liturgischen Feier kann laut Rollenbuch noch „ein Abend- oder Morgenlied oder ein Marienlied gesungen werden" (WGF 64). Diese Eingrenzungen verhindern, das Loblied/Danklied (nach dem Vaterunser) an dieser Stelle zu verdoppeln.

Der Brauch, nach dem Ende des Gottesdienstes ein Marienlied anzustimmen kommt ursprünglich aus der Komplet: Die letzte Gebetszeit des Tages schließt traditionell mit einer *Marianischen Antiphon*.

Zu festlichen Anlässen kann zum Abschluss auch das *Te Deum* („Großer Gott, wir loben dich") gesungen werden.

Während des Liedes verbleibt der liturgische Dienst noch im Altarraum bzw. an dessen Stufen.

Der Auszug wird dann von Instrumentalmusik begleitet. In Advent und Quadragese kann auch Stille gehalten werden.

8 DIE MESSFEIER

Erklärung

Die Heilige Messe (lat. *missa – Sendung*) ist die zentrale liturgische Feier der Kirche. In ihr werden Tod und Auferstehung Jesu gegenwärtig. Die Form entspricht einem ritualisierten Mahl.

Die Messe besteht aus vier Teilen:

- Eröffnung
- Wortgottesdienst
- Eucharistiefeier
- Entlassung

Hintergrund

Seit ältesten Zeiten war für die Christen die „Feier des Brotbrechens" wesentlicher Bestandteil des Sonntags, des Tages der Auferstehung. Erst im Lauf des ersten Jahrtausends wurde es in der Westkirche üblich, jeden Tag Eucharistie zu feiern. Im Anschluss an das Zweite Vatikanische Konzil betont das Messbuch: „Als Werk Christi und des hierarchisch gegliederten Volkes Gottes ist die Feier der heiligen Messe für die Welt- und Ortskirche wie auch für jeden einzelnen Gläubigen Mitte des ganzen christlichen Lebens. ... Alle anderen gottesdienstlichen Feiern und alle Werke christlichen Lebens stehen mit der Messe in Zusammenhang: Sie gehen aus ihr hervor und führen zu ihr hin." (AEM 1)

Worin gründet diese zentrale Stellung der Messe, was ist das Besondere an ihr im Vergleich zu den anderen liturgischen Feiern?

Zusammenhang mit Jesu Mahlfeiern

Die Messe unterscheidet sich von anderen liturgischen Feiern bereits rein äußerlich dadurch, dass sie eine ritualisierte Mahlfeier ist. Der Mahlcharakter wurde zwar im Lauf der Geschichte oftmals sehr an den Rand gedrängt:

- man empfing die Kommunion nur noch unter der Gestalt des Brotes,
- lange Zeit war es üblich, nur einmal während des Jahres zu kommunizieren (Osterkommunion),
- das Brot wurde zum Oblatenscheibchen, das äußerlich kaum noch als Brot zu erkennen war.

In unserer Zeit entdeckt man den Mahlcharakter neu und bringt ihn auch in der Gestalt der Feier zum Ausdruck: durch Verwendung von Brothostien oder sogar „richtigem" ungesäuertem Brot, durch die Kommunion unter beiden Gestalten oder durch Sitzen um einen Tisch, wenn man mit einer kleinen Gruppe Messe feiert.

Die Bibel erzählt von vielen Mahlfeiern Jesu: Er isst und trinkt mit Zöllnern und Sündern. Er begegnet als der Auferstandene den Jüngern in der Feier des Mahles und lädt zum Mahl (vgl. Lk 24,30; Joh 21,12). Auch bei der Messe weiß sich die feiernde Gemeinde vom auferstandenen und lebendigen Christus eingeladen: Er selber ist der eigentliche Gastgeber.

Zusammenhang mit dem letzten Mahl Jesu vor seinem Leiden

In einer besonderen Beziehung steht die Messe zu dem Mahl, das Jesus am Vorabend seines Todes mit den Zwölfen feiert. Die Kirche weiß sich von Jesus beauftragt, dieses Mahl immer wieder zu begehen. „Tut dies zu meinem Gedächtnis" – so lautet Jesu Auftrag.

Das letzte Mahl Jesu steht in der Tradition der Dankopfermähler des Volkes Israel (hebr.: *toda*, griech.: *eucharistia*). Auch wir laden gerne zu einem Fest ein, wenn wir eine schwierige Situation durchlebt haben (Prüfung, Krankheit, Lebensabschnitt ...). Dabei wird von Vergangenem erzählt und man freut sich gemeinsam, es überstanden zu haben.

Ähnliches lässt sich in vielen Psalmen für die Tradition Israels ablesen, die ihren Sitz im Leben bei solchen Dankopfermählern hatten. Der Beter lässt darin zunächst nochmals bedrückende Erlebnisse Revue passieren: Krankheit, Leid, Not, Angst, Anfeindungen, Bedrohungen oder Todesnot. Als Geretteter preist er sodann die Güte Gottes, der ihm aus der Misere half. Er erfüllt nun „dem Herrn seine Gelübde" und lädt Freunde und Verwandte zu einer Dankfeier ein. Bei diesen Dankopfermähler bekennt er sich öffentlich zur rettenden Heilstat Gottes. Dabei stehen die Opfergaben von Brot (Lev 7,12f) und Wein (Ps 116) im Vordergrund. Ein solcher Psalm (Ps 22) stand auch Pate für die Passionsgeschichte der Evangelisten.

Das letzte Abendmahl kann also als ein Dankopfermahl verstanden werden, das Jesus *vor* seinem Leiden, im Vertrauen auf seine Errettung feiert.

Vergegenwärtigung der Selbsthingabe Jesu

Bei den Dankopfern werden häufig zwei Dimensionen miteinander verbunden:

- der Dank für die Gaben der Schöpfung,
- der Dank für Gottes Taten.

Jesu letztes Mahl mit seinen Jüngern greift diese Gesichtspunkte auf, blickt auf sein Leiden und seine Errettung daraus (Joh 16f) und erweitert sie um eine wesentliche Dimension: Auch Jesus teilt Brot und Wein an die Mitfeiernden aus, deutet aber dieses Austeilen und Essen/Trinken als zeichenhafte Vorwegnahme seines bevorstehenden Todes: „Das ist mein Leib, der für euch hingegeben wird – das ist mein Blut, das für euch und für alle vergossen wird".

Die Eucharistie steht daher für seine Selbsthingabe an Gott und die Menschen, die in seinem Tod ihren Höhepunkt gefunden hat. Mehr noch: Sie ist nicht nur Erinnerung an etwas längst Vergangenes, sondern „Vergegenwärtigung“ dieses Geschehens: Was Jesus für uns getan hat, wird Gegenwart in dieser Feier, wir werden in dieses Geschehen hineingenommen; es wird an uns wirksam.

Die Theologie spricht davon, dass die Messe ein Opfer ist. Das wird oft missverstanden, so als ob wir Gott etwas opfern würden und ihn dadurch gnädig stimmen. Der Hebräerbrief betont denn auch, dass solche Opfer überflüssig geworden sind, weil Jesus in seinem Sterben das entscheidende Opfer dargebracht hat. Wenn wir sagen: Die Eucharistie ist ein Opfer, dann kann das demnach nur bedeuten, dass uns jede Eucharistie Anteil schenkt am einzigen Opfer Jesu. Im Ritus wird Vergangenes wieder und wieder zur Gegenwart, wie bei mehreren Brunnen, an denen man aus einem und dem selben Grundwasserreservoir schöpfen kann.

ANAMNESIS – Ermöglichung der Realpräsenz des einen Opfers Christi

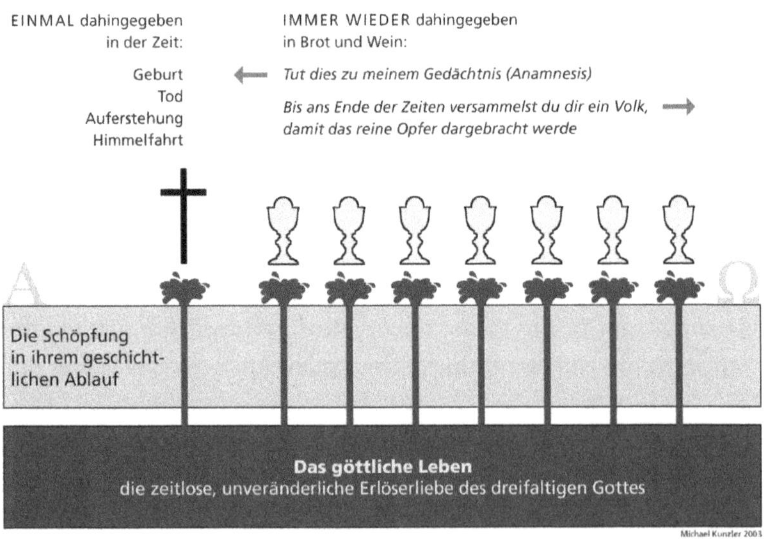

Aber auch in eine andere Richtung ist die Rede vom „Opfer Christi" leider oft missverstanden worden: als habe Jesus sein furchtbares Kreuzesleiden auf sich nehmen müssen, um die Ersatzleistungs-Ansprüche eines beleidigten Gottes angesichts der Sünden der Menschen zu befriedigen und ihn so gnädig zu stimmen. Eine solche Vorstellung widerspricht jedoch dem Gottesbild Jesu.

Man sollte den Begriff des *Opfers* Jesu daher entweder aus der Tradition des israelitischen Dankopfers oder mit dem Gedanken der Selbsthingabe Jesu erklären:

- Jesu ganzes Leben ist Selbsthingabe an Gott und die Menschen; Jesus ist der Mensch, der sich Gott und den Menschen vorbehaltlos geöffnet hat.
- Jesu ganzes Leben ist Selbsthingabe Gottes an die Menschen: In ihm – in seinem ganzen Dasein, Leben und Wirken – schenkt sich Gott uns Menschen.
- Diese Selbsthingabe hält Jesus auch durch, als ihm Widerstand und Ablehnung entgegengebracht wird; er bleibt seiner Sendung treu bis in den Tod. So zeigt dieser Tod, wie ernst es Gott mit seinem Zugehen auf uns Menschen ist, und gewinnt dadurch erlösende Kraft.

Die Theologen sprechen aber auch davon, dass die Eucharistie *unser* Opfer ist. Wie ist das zu verstehen? Nicht als müssten wir der Tat der Versöhnung, die Jesus ein für allemal (so die Theologie des Hebräerbriefs) vollbracht hat, noch etwas hinzufügen. Aber wenn die Eucharistie Vergegenwärtigung des Dankopfermahles Christi ist, sind wir als Mitfeiernde in dieses Geschehen von Tod und Auferstehung einbezogen. Wir haben Anteil an Jesu Leben, Sterben und Auferstehen. Darauf sind wir getauft.

Insofern gehört es zur Eucharistie, dass sie auch zu *unserer* Selbsthingabe, zu unserem Opfer wird. *Unser Opfer* – das heißt: Bewusst die Beziehung zu Gott und den Mitmenschen leben; auf die Mitmenschen zugehen, mich ihren Freuden und Nöten öffnen, Gemeinschaft suchen und mein und ihr Leben im Gebet vor Gott bringen.

Gegenwart Christi in den Gaben von Brot und Wein

Weil die Eucharistiefeier nicht nur Erinnerung an die Selbsthingabe Jesu ist, sondern diese Selbsthingabe wirklich Gegenwart für uns wird, ist nach der Überzeugung der Kirche Christus in den Gaben der Eucharistiefeier wirklich gegenwärtig (*Realpräsenz – wirkliche Gegenwart*). Seit dem Mittelalter beschäftigen sich die Theologen mit der Frage, wie das möglich ist: Die Gaben verändern sich äußerlich nicht und werden dennoch zu Christi Leib und Blut. Seit dem Hochmittelalter lautet die Antwort der Theologen und Konzilien: Es vollzieht sich eine Wesensverwandlung (*Transsubstantiation*): Was den Sinnen des Menschen und der Untersuchung des Forschers zugänglich ist, bleibt unverändert erhalten; es ändert sich jedoch die innere Wirklichkeit, das Wesen der Gaben, das Sinnen und Erforschen nicht zugänglich ist.

Ein – wenn auch hinkender – Vergleich aus dem Leben kann eine Verstehenshilfe sein: Der Löffel, den mein verstorbener Vater über Jahre verwendet hat, ist für mich inzwischen mehr als ein Stück Metall; er ist mehr als das, was ein Naturwissenschaftler an Bestandteilen analysieren kann und ein Geschäftsmann an materiellem Wert feststellt – weil ihn mein Vater immer wieder in die Hand genommen hat und weil ich meinem Vater über diesen Gegenstand über den Tod hinaus verbunden bin. Auf die eucharistischen Gaben übertragen: Wenn Jesus Brot und Weinkelch in die Hand nimmt, sie auf sich und seine Selbsthingabe bezieht, zum Essen und Trinken auffordert und den immer erneuten Vollzug dieser Feier aufträgt, dann sind Brot und Wein nicht mehr nur eine Ansammlung von Nährstoffen, die dem Körper Kraft geben, sondern sie sind mehr geworden: Medium der liebenden Gegenwart Jesu – oder, wie der Katholische Erwachsenenkatechismus der Deutschen Bistümer sagt: „wirklichkeitserfüllte Zeichen der personalen Gegenwart und des personalen Sich-Schenkens Jesu Christi" (KATECHISMUS 351). Das heißt:

- Sie sind mehr als bloß hinweisende Zeichen; in ihnen ist Jesus wirklich gegenwärtig.

- Sie sind nicht Leib und Blut Jesu im Sinne einer materiellen Gegenwart (so wie eine Sache da ist), sondern Ausdruck der Liebe und Nähe Jesu (es geht um die Gegenwart einer Person, um die Beziehung der Liebe). Es soll nicht das Wunder bestaunt werden, dass Christus so etwas „Unmögliches" fertig bringt, sich in Brot und Wein gegenwärtig zu setzen, sondern das Wunder seiner übergroßen Liebe.
- Diese Liebe erfährt der Mensch in der Feier der Eucharistie, in der Christus gegenwärtig wird, ohne tatsächlich Brot und Wein empfangen zu müssen.

Nach katholischer Überzeugung besteht Christi Gegenwart in den Gaben über die Dauer der Eucharistiefeier hinaus fort. Daher können die Gaben für die Krankenkommunion aufbewahrt werden und außerhalb der Eucharistiefeier verehrt werden (Eucharistische Anbetung, Eucharistische Prozessionen).

Allerdings muss bewusst bleiben: Die Gegenwart Christi in den Gaben ist eine „Frucht" des *Geschehens* der Feier: Aus der Eucharistiefeier als Vergegenwärtigung der Selbsthingabe Christi ergibt sich die Realpräsenz Christi in den Gaben. Diesen Bezug gilt es im Bewusstsein zu bewahren: Die Messe ist keine Feier zur Bereitstellung verwandelter Gaben für Kommunionfeiern und eucharistische Andachten. Sie ist immer ganzheitliche Feier von Tod und Auferstehung Jesu, und weder „Wandlung" noch Kommunion sind außerhalb dieses Gesamtvollzugs möglich. Stattdessen sind Wandlung und Kommunion in der Messe auf keinen bestimmten Zeitpunkt einzugrenzen und ihr vom Anfang bis zum Schluss als Ganzes wesentlich.

Es ist nicht so wie bei der Chrisam-Messe in der Heiligen Woche, in der der Bischof für die ganze Diözese die Öle weiht, die während des Jahres bei der Feier der Sakramente verwendet werden. In der Messe gehören der Vollzug des Geschehens und der Empfang der Gaben wesentlich zusammen.

Auferbauung des Leibes Christi

Einen nicht weniger wesentlichen Gesichtspunkt der Eucharistie betont Paulus im 1. Korintherbrief: „*Ein* Brot ist es. Darum sind wir viele *ein* Leib; denn wir alle haben teil an dem einen Brot." (1 Kor 10,17) Der Empfang des Leibes Christi verbindet uns nicht nur mit Christus. Er verbindet uns auch miteinander zur Gemeinschaft der Kirche. Wir empfangen den Leib Christi und werden miteinander der Leib Christi. „Wir werden, was wir empfangen", sagt Augustinus. Mehrere Konsequenzen ergeben sich daraus:

- Eucharistie wird zur Farce und zum Theater, wo man sie miteinander feiert, ohne sich um einen geschwisterlichen Umgang miteinander zu mühen (vgl. dazu die Kritik des Paulus am unsozialen Verhalten der Korinther im Umfeld der Eucharistiefeier und sein Vorwurf der „unwürdigen" Feier in 1 Kor 11).
- Die Gemeinschaft der Kirche umfasst auch die Verstorbenen. Deshalb enthält jede Messe das Gedenken an die Toten.
- Zwischen getrennten kirchlichen Gemeinschaften ist eine gemeinsame Eucharistiefeier nicht ohne Weiteres möglich. Nach katholischem und ostkirchlichem Verständnis setzt Eucharistiegemeinschaft sogar Kirchengemeinschaft als notwendige Bedingung voraus.

Eucharistie ist die Feier der Einheit der Kirche, und zwar in dreifacher Richtung:

- der Einheit der Gemeinde untereinander,
- der Einheit der Gemeinde mit der Gesamtkirche,
- der Einheit mit Christus.

Daher wird sie immer von denjenigen Personen geleitet, denen der *Dienst der Einheit* in dieser dreifachen Richtung aufgetragen ist: Bischof bzw. Priester.

„Vertikale" (Christus- bzw. Gottesbeziehung) und „horizontale" (Gemeinschaft untereinander) Dimension der Messe gehören untrennbar zusammen und dürfen nicht gegeneinander ausgespielt werden.

Grundform

▶ GL 580ff

ERÖFFNUNG

„Die Gemeinde versammelt sich“
Einzug – Gesang
Kreuzzeichen – Begrüßung (– ggf. Einführung)
Schuldbekenntnis oder Taufgedächtnis
Kyrie
Gloria (an So. außerh. d. Advents- und Fastenzeit sowie an Festen u. Hochfesten)
Tagesgebet

WORTGOTTESDIENST

Erste Lesung
Antwortpsalm
Zweite Lesung (an Sonntagen und Hochfesten)
Ruf vor dem Evangelium
Evangelium
Homilie
Glaubensbekenntnis (an Sonntagen und Hochfesten)
Fürbitten

EUCHARISTIEFEIER

Gabenbereitung
Gabenprozession – Gesang
Bereitung des Altars und der Gaben
Gabengebet

Hochgebet
Präfation – Sanctus
Postsanctus – Epiklese (Herabrufung des Geistes über die Gaben)
Einsetzungsworte
Akklamation (*„Deinen Tod, o Herr, verkünden wir ...“*)
Anamnese (Erinnerung an Tod und Auferstehung Jesu)
Kommunion-Epiklese (Herabrufung des Geistes auf die Gläubigen)
Interzessionen (Gebet für die Gemeinschaft der Glaubenden)
Schluss-Doxologie (Lobpreis: *„Durch ihn und mit ihm und in ihm ...“*)

Kommunion
Gebet des Herrn
Friedensgruß
Brotbrechung – Begleitgesang *„Agnus Dei“*
Kommunionspendung
Stille und Danksagung
Schlussgebet

ENTLASSUNG

ggf. Mitteilungen
Segen
Entlassungsruf

Gestaltung

Bei der Gestaltung der Messe ist zu bedenken, dass alle tätig teilnehmend feiern können. Die Art und Weise, wie sich alle Mitfeiernden einbringen, prägt die Atmosphäre der Feier wesentlich. Eine gute Absprache trägt entscheidend dazu bei, dass das Vorbereitete zur Wirkung kommt; umgekehrt kann bei mangelnder Absprache die Feier sehr schnell als uneinheitlich und unstimmig erlebt werden. Daher ist es wichtig, dass sich alle mit der Gestaltung der Messe identifizieren können.

In der Regel wird man sich bei der Vorbereitung einer Messe vor allem der folgenden Elemente annehmen:
- musikalische Gestaltung (Lieder, Gesänge, Instrumente ...)
- Fürbitten

Darüber hinaus ist es möglich, folgende Elemente zu formulieren:
- Einführung,
- Kyrierufe (Wichtig: Kyrierufe sind kein Schuldbekenntnis, sondern Huldigungsruf an Jesus, den in der Feier gegenwärtigen Herrn seiner Kirche!),
- Einführungen zu den Lesungen,
- Einleitung zum Gebet des Herrn,
- Einleitung zum Friedensgebet (vor dem Friedensgruß),
- meditativer Text nach der Kommunion,
- ein „Wort auf den Weg“ vor dem Segen.

An manchen Tagen oder zu bestimmten Anlässen ist auch die Auswahl von passenden Texten aus dem Messbuch möglich:
- Tagesgebet, Gabengebet, Schlussgebet,
- Präfation,
- „Gebet über das Volk“ (z. B. MB 569–575) ,
- feierlicher Schlusssegen.

Unter Umständen ist auch die Leseordnung variabel.

Auch Symbolhandlungen sind möglich:

- Besprengung der Gemeinde mit Weihwasser als Tauferinnerung.
- Besondere Evangelienprozession: Das Evangeliar kann durch die Kirche getragen und nach der Verkündigung an einem besonderen Ort aufgestellt werden.
- Entzünden von Kerzen oder Teelichtern bzw. Einlegen von Weihrauchkörnern bei den Fürbitten.
- Besondere Gabenprozession: Mit Brot und Wein können Gegenstände zum Altar gebracht (und mit kurzen Worten gedeutet) werden, die unser Leben und das, was wir Gott bringen (bzw. wofür wir ihm danken) symbolisieren.
- Hände reichen oder Hände ausbreiten beim Gebet des Herrn.
- Kinder können das Gebet des Herrn mit Gesten beten.
- Während des Kommunionteils um den Altar stehen (Kinder oder, wenn möglich, auch ganze Gemeinde).
- Kommunion unter beiderlei Gestalten.
- Am Ende des Gottesdienstes einen Erinnerungsgegenstand mitgeben.

Wichtig ist, dass der Gottesdienst nicht mit Worten oder Symbolelementen überladen wird. Weniges, das gut in die Gesamtlinie des Gottesdienstes eingefügt ist, bewirkt mehr als viele aneinandergereihte Elemente, mögen sie auch gut gemeint sein.

9 AUSTEILUNG UND EMPFANG DER KOMMUNION

Erklärung

Wenn in einer Wort-Gottes-Feier der Leib Christi ausgeteilt wird, geschieht dies in einem eigenen Ritus, der eine Vorbereitung der Gemeinde und die Anbetung des eucharistischen Brotes enthält. Nach der Kommunion ist eine Form der Danksagung angebracht. Diesen Gottesdienstteil bezeichnen wir als Kommunionfeier.

Hintergrund

Die Wort-Gottes-Feier ist ein eigenständiger Gottesdienst, bei dem die Gegenwart des Herrn in seinem Wort im Mittelpunkt steht. Die Gegenwart Christi in Brot und Wein ist dagegen Kennzeichen der Messfeier. Eine Verbindung von beidem ist daher keineswegs selbstverständlich und bedarf einer überzeugenden pastoralen Begründung. Dabei ist vor allem dem Eindruck entgegenzuwirken, der Gottesdienst erhalte seinen Wert erst durch den Empfang der Kommunion.

Grundsätzlich ist der Kommunionempfang aber auch außerhalb der Messfeier möglich, vorzugsweise für Kranke und Sterbende. Zu diesem Zweck kennt die Kirche die Tradition der Aufbewahrung des eucharistischen Brotes im Tabernakel.

Grundform

▶ WGF 41ff, 65ff

ERÖFFNUNG

…

VERKÜNDIGUNG DES WORTES GOTTES

…

ANTWORT DER GEMEINDE

Antwortelemente:
- Verehrung des Wortes Gottes
- Glaubensbekenntnis
- Taufgedächtnis (Form A)
- Lied
- Schuldbekenntnis und Vergebungsbitte
- Wechselgebet
- Segnungen, die zum Sonn- oder Festtag gehören

Friedenszeichen
Kollekte
Lobpreis und Bitte:
- Sonn-(Fest-)täglicher Lobpreis
- Hymnus

Fürbitten (Allgemeines Gebet)

AUSTEILUNG UND EMPFANG DER KOMMUNION

Hinweis auf die eucharistische Gemeinschaft
Bereitung des Altares – Übertragung des Allerheiligsten
Stille Anbetung
Vaterunser
Einladung zur Kommunion – Kommunion
Stille – Danklied
Schlussgebet

ABSCHLUSS

Mitteilungen
Segensbitte
Entlassung
Lied (Abendlied, Morgenlied, Marienlied)

Wenn die Wort-Gottes-Feier mit einer Kommunionfeier verbunden wird, müssen Verlauf und Gestaltung einem isoliert-mechanischen Kommunionverständnis entgegenwirken. Das bedeutet, dass nicht einfach ohne eine Rückbesinnung der Gemeinde auf die Eucharistie die Kommunion gespendet werden kann. Daraus ergibt sich folgende Grundform einer Kommunionfeier innerhalb der Wort-Gottes-Feier:

- **Hinweis auf die eucharistische Gemeinschaft**
  Er stellt den Bezug zu der letzten Messfeier in dieser Kirche oder zur Messfeier in einer Nachbarkirche her.

- **Bereitung des Altares – Übertragung des Allerheiligsten**
  Das Korporale wird auf dem Altar ausgebreitet und das Allerheiligste zum Altar gebracht.

- **Stille Anbetung**
  Nach einer Einladung durch die Leiterin knien alle zu einer Zeit stiller Anbetung nieder.

- **Vaterunser**
  Das Gebet des Herrn (↗ S. 169ff) wird hier wie in der Messfeier als Tischgebet der Versammelten verstanden.

- **Einladung zur Kommunion – Kommunion**
  Eine Hostie wird gezeigt und alle sprechen *„Herr, ich bin nicht würdig ...“* Der Begleitgesang *„Lamm Gottes“* zur Brotbrechung entfällt ebenso wie diese. Die Kommunionspendung erfolgt in gewohnter Weise.

- **Stille – Danklied**
  Nach einer angemessenen Zeit der Stille wird ein Danklied gesungen.

- **Schlussgebet**
  Ebenso wie das Danklied bezieht sich das Schlussgebet auf den Empfang des Leibes Christi.

Gestaltung

Nach den Fürbitten ist eine Überleitung zur Kommunionfeier sinnvoll, damit die Gemeinde eine angemessene innere und äußere Haltung einnehmen kann. Dieser **Hinweis auf die eucharistische Gemeinschaft** sollte mit kurzen Worten geschehen und kann an jene Messfeier verweisen, bei der die Hostien konsekriert wurden, die nun empfangen werden.

Die **Übertragung des Allerheiligsten** kann als Prozession gestaltet werden. Auf dem Altar werden die Kerzen angezündet und das Korporale ausgebreitet. Die Leiterin (und Ministrantinnen mit Kerzen und Weihrauch) gehen zum Tabernakel und bringen die Hostienschale auf den Altartisch (vgl. WGF 42, Nr. 90).

Dabei kann ein Christus- oder Sakramentslied gesungen werden. Die Prozession kann auch in Stille geschehen, was die Aufmerksamkeit der Gemeinde erhöht.

Nach örtlicher Gegebenheit versammelt sich die Gemeinde um den Altar zu einer **stillen Anbetung** des im eucharistischen Brot gegenwärtigen Herrn.

Nach der Anbetung lädt die Leiterin zum **Gebet des Herrn** ein, das von der versammelten Gemeinde gemeinsam gesprochen oder gesungen wird.

Nun werden ggf. leere Schalen zum Altar gebracht und die konsekrierten Hostien auf die Schalen verteilt. Danach erhebt die Leiterin eine der Hostien und spricht die **Einladung zur Kommunion**: *„Seht das Lamm Gottes …“* Die Gemeinde antwortet: *„Herr, ich bin nicht würdig …“*

Einladung und Akklamation können auch anders gestaltet werden: *„Seht das Brot des Lebens, den Leib unseres Herrn Jesus Christus.“* Die Gemeinde antwortet mit einer gesungenen Akklamation, z. B. *Kostet, kostet und seht* GL 212, *Christus Sieger* GL 560,1. Anschließend wird die **Kommunion** in gewohnter Form ausgeteilt.

Während der Kommuinonausteilung kann ein passendes Lied gesungen, entsprechende Musik gespielt oder Stille gehalten werden.

Nach der Kommunionspendung wird das Hostiengefäß zum Tabernakel zurückgebracht. Danach kann ein Besinnungstext gelesen oder Stille zum persönlichen Gebet gehalten werden.

Das **Danklied** thematisiert die empfangenen Gaben oder die besondere Gemeinschaft mit Christus und untereinander.

Das Schlussgebet beschließt den Kommunionteil. Es kann aus den Texten zur Auswahl (WGF 169ff) oder aus dem Messbuch ausgewählt werden.

Bei einer kleinen Gruppe ist unter Umständen auch die **Versammlung um den Altar** zur Kommunionspendung (oder bereits nach der Übertragung des Allerheiligsten) sinnvoll. Die Austeilung kann dann mit einem geistlichen Wort schließen, bevor alle wieder auf ihre Plätze gehen.

10 VORBEREITUNG UND FEIER

Bei der Vorbereitung eines jeden Gottesdienstes sollte man folgende vier Felder im Blick haben:

- **Wort Gottes**
  Das Wort Gottes ist in der Regel durch die Leseordnung der Kirche vorgegeben. Die verschiedenen, oft aus ganz unterschiedlichen Kontexten stammenden Schrifttexte miteinander zu verbinden, ist eine gute Möglichkeit, das Thema eines Gottesdienstes zu entwickeln.
  Bei Kasualgottesdiensten kann es umgekehrt sinnvoll sein, die Bibeltexte passend zum Anlass auszusuchen.

- **Feiernde Gemeinde**
  Wenn die Gottesdienstbeauftragte Mitglied der feiernden Gemeinde ist, weiß sie um die Bedürfnisse der Gemeinde und kennt ihr rituelles Handeln. Besonders dann kann eine menschennahe Feier in der Gegenwart Gottes gelingen.

- **Anlass der Feier**
  Im Laufe des liturgischen Jahres ist der Anlass in der Regel gesetzt: Sonntagsgottesdienst, Wochentagsliturgie oder Heiligengedenken. Daneben gibt es eine immer größer werdende Vielzahl von Kasualien, d.h. lebensbezogene Anlässe für bestimmte Feiergemeinden, die in liturgischen Räumen oder auch an anderen Orten stattfinden.

- **Mich selbst**
  Das eigene Ich der Gottesdienstleiterin trägt wesentlich zur Feier

bei. Die liturgische Präsenz entsteht aus der persönlichen momentanen Disposition und der Spiritualität, die sich wiederum aus der Tradition, dem im eigenen Leben Gelernten (Studium) und allen persönlichkeitsbildenden Bereichen speist.

Diese vier Felder sind im Zusammenhang zu sehen, weil sie auf verschiedenen Ebenen miteinander in Beziehung stehen.

Aus diesen Vorbereitungen ergibt sich ein inhaltlicher roter Faden, der die einzelnen liturgischen Teile (Gebete, Symbole, Riten, Sprechakte, Lieder, Instrumentalmusik, Segenserfahrungen, tätige Teilnahme) zusammenhält und die Feier als ganzheitlichen Gottesdienst im Geiste Jesu als *Communio* erfahren lässt.

Praxisbücher oder Internetadressen sollen allenfalls zum kurzen Ideenfinden herangezogen werden. Ansonsten erschweren sie den eigenen kreativen Prozess.

11 PSYCHOLOGIE DES GOTTESDIENSTES

Jeder in Gemeinschaft gefeierte Gottesdienst entsteht nach den Vorbereitungen erst während der Feier selbst und ist immer „ekklesiogenetisch“ (er lässt Kirche entstehen). Er macht im Augenblick der Feier den auferstandenen Leib Christi in verschiedener Weise sichtbar und erfahrbar und erinnert an die Geschichte Gottes mit den Menschen.

Gleichwohl vollzieht sich die innere Beteiligung an Gottesdiensten auf verschiedene Weise:

Manchmal feiern wir Gottesdienst, weil wir durch die äußeren Umstände (Sonntagspflicht, gesellschaftlicher Druck) dazu gedrängt werden.

Ein anderes Mal üben wir einen liturgischen Dienst aus und lassen dadurch den Gottesdienst zu einer Feier werden, die wiederum von den Mitfeiernden auf unterschiedliche Art erfahren und gedeutet werden kann.

Wenn wir in tätiger Teilnahme Gottesdienst feiern, erfahren wir den Zusammenklang von Vergangenheit, Gegenwart und Zukunft und erleben Wandlung bei uns selbst und anderen.

Wenn wir bei diesem Erleben Gottes Wirklichkeit erfahren, so spricht die Kirche vom *Sakrament der Gegenwart Gottes*, die den Gottesdienst schließlich zur Heilserfahrung werden lässt.

12 DAS KIRCHENJAHR

Menschliche Zeiterfahrung

Der Mensch ist den Gegebenheiten von Raum und Zeit unterworfen. Der Sonnenlauf bemisst das Jahr. Der Mond gliedert es in Monate. Der Wechsel von Tag und Nacht sowie die Jahreszeiten geben den Takt vor für Arbeit und Ruhe.

Der Rhythmus der Naturerfahrungen war und ist in allen Kulturen Anlass für besondere Feierlichkeiten. Hinzu kommen besondere Ereignisse im Leben der Gemeinschaft (Siege oder Niederlagen, Naturkatastrophen, Geburts- oder Todestage bedeutender Menschen) sowie Übergänge im Leben des Einzelnen (Geburt, Adoleszenz, Vermählung, Tod). Dies alles prägt die Zeit und gliedert sie in erlebbare Abschnitte.

Christliches Jahr

Das christliche Jahr entwickelte sich aus der jüdischen Siebentagewoche. Der Sonntag als erster Tag dieser Woche wurde als Auferstehungstag Jesu der Ur-Feiertag des frühen Christentums. Am Sonntag versammelte man sich zum Lesen in den Schriften und zum Brotbrechen („Wochenpascha").

Anfänglich hielten die Christen in Palästina am Tempel- und Synagogengottesdienst fest. Das jüdische Pessach-Fest bekam in ihren Reihen jedoch bald eine christliche Deutung. Spätestens im 2. Jahrhundert feierte die junge Kirche dann ein eigenes jährliches Osterfest

(„Jahrespascha"). Dies war der Ausgangspunkt für die Entwicklung des christlichen Festkreises.

Zu den Festzeiten des Kirchenjahres finden sich im GOTTESLOB zahlreiche informierende Texte, auf die im Folgenden jeweils verwiesen wird. In den vom Liturgiereferat Würzburg herausgegebenen *LiturgieKarten* sind darüber hinaus auch Vorschläge für Teilliturgien enthalten.

12.1 Osterfestkreis

Das christliche Ostern entwickelte sich aus dem jüdischen Pessach-Fest. Noch heute ist das Exodus-Gedächtnis Israels wichtiger Bestandteil der Osternachtsliturgie. Der rettende Durchzug durch das Schilfmeer wird christlich gedeutet auf den Siegeszug Jesu Christi durch den Tod hindurch zum Leben.

Ostern wird am Sonntag nach dem ersten Frühlingsvollmond gefeiert, fällt also in die Zeit zwischen 22. März und 25. April.

Von der einen Feier zum Osterfestkreis

Anfänglich gedachte man Leiden, Tod und Auferstehung Jesu in einem einzigen, ganznächtlichen Gottesdienst. Ab dem 4. Jahrhundert war man jedoch zunehmend bestrebt, in den Festen die Christusgeschichte historisch nachzuvollziehen. Daher wurde das Gedächtnis von Leiden und Sterben (Karfreitag) und der Grabesruhe (Karsamstag) aus der ganznächtlichen Feier ausgegliedert. Zusammen mit dem Abend des Gründonnerstags (Fußwaschung, Abendmahl und Ölbergstunde) entstanden die *Drei österlichen Tage (Triduum sacrum)*. Sie erstrecken sich heute vom Abend des Gründonnerstags bis zur Vesper am Ostersonntag und gelten als eine Einheit.

Schon früh wurde nach dem Vorbild der Jerusalemer Gemeinde die ganze Woche vor Ostern als *Heilige Woche* begangen. An den „historischen Stätten“ bildeten sich Prozessionen und andere Feierformen aus, die bis heute unsere Karwoche prägen (z. B. Palmsonntagsprozession, Kreuzverehrung).

Die Woche nach Ostern war einst durch die Katechesen für die Neugetauften geprägt. Deren weiße Taufkleider gaben dem darauffolgenden Sonntag auch den Namen „Weißer Sonntag“ (vgl. GL 642). Am 40. Tag nach Ostern feiert man die Himmelfahrt Christi. Der Pfingstsonntag beschließt die siebenwöchige österliche Freudenzeit am 50. Tag („Pfingsten“ von griechisch *pentekoste – fünfzig*). In den neun Tagen zwischen Himmelfahrt und Pfingsten (Pfingstnovene) wird besonders um den Heiligen Geist gebetet, dessen Ausgießung an Pfingsten gedacht wird.

Das Fasten als Vorbereitung auf das Osterfest wurde von der Heiligen Woche auf vierzig Tage ausgedehnt. Die *Heiligen vierzig Tage (Quadragese)* sind gleichzeitig die intensive Vorbereitungszeit der Taufbewerber.

Österliche Bußzeit ▶ GL 265,2

Die *Österliche Bußzeit (Quadragese, Fastenzeit)* ist eine Zeit der Buße und Umkehr. Sie beginnt am Aschermittwoch. Ein besonderer Akzent in dieser Zeit liegt auf der Tauferinnerung.

In den Gottesdiensten dieser Zeit unterbleibt das *Halleluja*. In der Messfeier wird vor dem Evangelium stattdessen ein Christusruf gesungen. ▶ GL 176,3–5 | 305,2 | 584,9 | 560,1 | 644,6 | 296 | 657,5 | 287 | 795

Auch das Gloria in der Messfeier unterbleibt in der österlichen Bußzeit (außer an Hochfesten wie z. B. Verkündigung des Herrn am 25. März).

Palmsonntag ▶ GL 302,1

Der Palmsonntag ist gleichsam die Ouvertüre der Heiligen Woche. In der Liturgie tauchen bereits die Motive der kommenden Tage auf: Leiden, Tod und Auferstehung Jesu. Die Feier selbst hat zwei Stationen:

1. Palmprozession: Das Evangelium vom Einzug Jesu in Jerusalem wird gelesen. Danach zieht die Gemeinde in Prozession zur Kirche. In den Begleitgesängen stimmt sie gewissermaßen in die *Hosanna*-Rufe von damals ein. ▶ GL 218 | 279 | 280 | 302,2.3 | 560

2. Passion: Im Mittelpunkt des Wortgottesdienstes stehen Psalm 22 und die Passionsgeschichte aus einem der synoptischen Evangelien (Mt, Mk, Lk). Damit ist ein Stimmungsumschwung verbunden: vom *Hosanna* der Prozession zum *Kreuzige* in der Passion.

Gründonnerstag ▶ GL 304

Die Messe vom letzten Abendmahl eröffnet die Feier der *Drei österlichen Tage*. Im Mittelpunkt stehen die Einsetzung der Eucharistie und das *Mandatum* Jesu (lat. *Auftrag*) im Zeichen der Fußwaschung, das den inneren Zusammenhang Glauben feiern (Liturgie) und Glauben leben (Diakonie) verdeutlicht.

▶ Eucharistie: GL 281f

▶ Fußwaschung: GL 285 | 305,4.5 | 442 | 445

Nach dem Mahl brachen Jesus und seine Jünger auf zum Garten Getsemani. Entsprechend ändert sich nach der Kommunionfeier auch die Stimmung des Gottesdienstes abrupt: Die Gemeinde versammelt sich zur Ölbergstunde, um mit ihrem Herrn zu wachen und zu beten. Zum Zeichen für die empfundene Gottverlassenheit Jesu wird der Altar entblößt. ▶ GL 286 | 288 | 702f; DIENSTEBUCH 40ff

Karfreitag ▶ GL 306 | 308

In der Feier vom Leiden und Sterben Christi haben sich altertümliche liturgische Elemente bewahrt, etwa der schweigende Einzug, das Niederwerfen vor dem Altar oder die Großen Fürbitten.

Den Wortgottesdienst prägt die Johannespassion, die gesungen oder in gelesener Form durch Choräle unterbrochen werden kann. Vor der Passion erklingt traditionell das *Christus factus est* (GL 287).

Nach den Großen Fürbitten wird das Kreuz erhoben und verehrt. Zur Erhebung singt man *Ecce lignum crucis* (GL 308,2f). Unter den Gesängen, die das intensive Geschehen der Kreuzverehrung begleiten, ragen zwei Traditionen heraus:

- *„Dein Kreuz, o Herr, verehren wir und deine heilige Auferstehung preisen und rühmen wir, denn siehe, durch das Holz des Kreuzes kam Freude in alle Welt.“* Das Kreuz, das hier verehrt wird, ist schon Siegeszeichen. ▶ GL 294 | 296 | 299 | 308,4 | 766 | 771
- In den Improperien (von lat. *improbus – boshaft*) werden die Wohltaten Gottes dem Ungehorsam des Volkes gegenübergestellt.

In diesem Gesang im Angesicht des Kreuzes stehen sich sozusagen Ankläger und Angeklagte gegenüber. ▶ GL 300 | 308,1 | 774

Karsamstag ▶ GL 309

Der Karsamstag gilt als Tag der Grabesruhe Jesu. Die Gemeinde kann am Morgen zur Feier der Trauermette (GL 310) oder zum Besuch am Heiligen Grab zusammenkommen.

Osternacht ▶ GL 311

Die Feier der Osternacht ist der zentrale Gottesdienst des Jahres. Sie findet in der Nacht statt: „Sie soll nicht vor Einbruch der Dunkelheit beginnen und nicht nach der Morgendämmerung des Sonntags enden." (Messbuch)

Die Liturgie der Osternacht setzt sich zusammen aus einem Wortgottesdienst, dessen Herkunft aus der Tradition des Stundengebets noch am Dreiklang Lesung–Psalm–Gebet ablesbar ist, und der anschließenden Messfeier, die mit dem Gloria beginnt. Vorgeschaltet ist ein feierlicher Lichtritus, wie er in schlichterer Form einst zu Beginn eines jeden abendlichen Gottesdienstes üblich war. Da Ostern der zentrale Tauftermin der Christenheit ist, wird innerhalb der Messe die Taufe, wenigstens aber ein Taufgedächtnis, gefeiert.

In der Osternacht wird nach vierzig Tagen erstmals wieder das *Halleluja* angestimmt. Der Osterjubel entfaltet sich über die 50-tägige Osterzeit bis Pfingsten.

12.2 Weihnachtsfestkreis ► GL 235

Die Datierung des Weihnachtsfestes folgt – anders als beim Ostertermin – nicht dem Mond-, sondern dem Sonnenjahr. Da das Datum der Geburt Jesu unbekannt ist, legte man den Termin in die dunkelste Zeit des Jahres, in der auch in der römischen Antike die Geburt des unbesiegbaren Sonnengottes Mithras *(sol invictus)* gefeiert wurde: auf den 25. Dezember.

Im Osten wurde zunächst nicht die Geburt Christi, sondern seine Erscheinung in der Welt gefeiert. Dieses Epiphanie-Fest am 6. Januar hat im Osten die Jordantaufe Jesu zum Inhalt. Im Westen wurde es schon früh angereichert durch den Besuch der Magier an der Krippe und das erste Zeichen Jesu auf der Hochzeit zu Kana. Die Taufe Jesu wird inzwischen am Sonntag nach Erscheinung gefeiert und das Evangelium der Hochzeit zu Kana wird am darauffolgenden 2. Sonntag im Jahreskreis (im Lesejahr C) gelesen.

Auch der Weihnachtstag selbst versucht, mit drei Messformularen das Festgeheimnis von verschiedenen Seiten zu beleuchten: In der Heiligen Nacht wird das Weihnachtsevangelium (Lk 2,1–14) verkündet. Am Morgen steht der Besuch der Hirten an der Krippe (Lk 2,15–20) im Vordergrund. Am Tag wird mit dem Johannesprolog (Joh 1,1–18) des Geheimnisses der Menschwerdung des Logos gedacht.

Die Christmette selbst ist daher keine bloße Vorabendmesse von Weihnachten – weder von ihrem zeitlichen Ansatz, noch von ihrer Gestaltung her. Sie wird traditionell gegen Mitternacht, also zur Zeit des nächtlichen Stundengebets (Matutin, Mette) gefeiert und enthält vielerorts auch Elemente dieser Gebetszeit: Zu Beginn können die Mettenpsalmen gesungen werden oder es erfolgt die Festankündigung nach dem MARTYROLOGIUM ROMANUM. ► GL 755–758

Adventszeit

▶ GL 217,4

Adventus Domini meinte im antiken Sprachgebrauch die Ankunft des Herrschers in der Stadt. *Advent* meint heute sowohl die Ankunft Christi unter den Menschen, als auch seine erhoffte Wiederkunft am Ende der Zeiten.

Während die Tage bis zum 16.12. von endzeitlichen Gedanken bestimmt sind, widmen sich die Tage zwischen dem 17. und 24.12. dem Aspekt der Menschwerdung. Gemäß dieser Ausrichtung steht zuerst der Bußcharakter, der dann in die Stimmung freudiger Erwartung übergeht. Am 1. Adventssonntag verkündete man einst das Evangelium vom Einzug Jesu in Jerusalem – noch heute der Predigttext in der lutherischen Kirche (vgl. GL 218). In der geltenden Leseordnung für den katholischen Gottesdienst setzen die Evangelien der vier Adventssonntage folgende Akzente:

- 1. Sonntag: Wiederkunft Christi am Ende der Zeit,
- 2. Sonntag: Bußpredigt Johannes des Täufers,
- 3. Sonntag: Jesus und Johannes,
- 4. Sonntag: Ereignisse unmittelbar vor der Geburt Jesu.

Wie in der österlichen Bußzeit verzichtet man auch vor Weihnachten in der Messfeier auf das *Gloria* (Ausnahmen: Fest des Apostels Andreas am 30.11. und Hochfest der Unbefleckten Empfängnis Mariens am 8.12.).

Der Beginn der Adventszeit in der Haltung eschatologischer Erwartung schließt sich inhaltlich nahtlos an die „Zeit der Wiederkunft" (letzte Sonntage im Kirchenjahr) an. Die Festlegung des 1. Advents als Beginn des Kirchenjahres erfolgte erst um das Jahr 1000.

Prägend für die Adventszeit sind die Roratemessen. Der Begriff ist vom adventlichen Bußgesang abgeleitet *Rorate caeli desuper – Tauet, ihr Himmel, von oben* (GL 234). Der Brauch, diese Gottesdienste in der Morgenfrühe und bei Kerzenschein zu feiern, unterstreicht den Aspekt des „Wachens für den Herrn" (vgl. das Bild der klugen Jungfrauen in Mt 25).

Prägend für die Zeit ab dem 17.12. ist der Gebrauch der *O-Antiphonen*. Jedem Tag ist ein solcher poetischer Text zugeordnet, der die Sehnsucht nach dem Erlöser in alttestamentlichen Bildern zum Ausdruck bringt. Ursprünglich bildete er die Antiphon zum Magnificat der Vesper. In der Tagesmesse kann er als Eröffnungs- oder Hallelujavers verwendet werden. ▶ GL 222

Weihnachtszeit

Die Weihnachtsoktav entspricht formal der Osteroktav. Doch wird die Weihnachtsthematik durch zahlreiche Heiligenfeste und -gedenktage überdeckt. Auch der eigentliche Oktavtag am 1. Januar – biblischer Anlass ist die Beschneidung und Namensgebung Jesu (Lk 2,21) – wird durch das Hochfest der Gottesmutter Maria und Neujahr besetzt.

Die Feier der Erscheinung des Herrn (6.1.) weist auf die königliche Macht Jesu Christi hin und bildet damit einen Kontrapunkt zu dem am Weihnachtsfest selbst entfalteten Aspekt der Erniedrigung Gottes ins Fleisch. Das Leitmotiv der Liturgie ist das Licht. Wichtige Kirchenlieder entfalten es, z. B. GL 357. Im Vordergrund steht in jüngerer Zeit allerdings das Sternsingen, wodurch sich die Liedauswahl zum Thema „Dreikönig" verschiebt und der eigentliche Festinhalt verdeckt wird.

Mit dem darauffolgenden Sonntag, dem Fest der Taufe Jesu, endet die Weihnachtszeit.

Vierzig Tage nach Weihnachten, am 2.2., begeht die Kirche entsprechend dem biblischen Bericht (Lk 2,22–39) das Fest Darstellung des Herrn. Kernbestand ist der Lobgesang des Simeon, in dem er Jesus als „Licht zur Erleuchtung der Heiden" preist. Dieses Motiv lässt die weihnachtliche Thematik noch einmal aufscheinen. Besondere Merkmale der Liturgie dieses Tages sind Kerzensegnung und Lichterprozession. Daher kommt der Name *Lichtmess*. ▶ GL 264 | 374 | 500

Ein weiteres Fest, das mit der Geburt Jesu in Zusammenhang steht, ist das der Verkündigung des Herrn – neun Monate vor Weihnachten, also am 25. März.

12.3 Zeit im Jahreskreis

▶ GL 217,3

Die nicht durch Weihnachten und Ostern *geprägten Zeiten* nennt man *Zeit im Jahreskreis*. Sie reicht vom Montag nach dem Fest der Taufe Jesu bis zum Dienstag vor dem Aschermittwoch und dem Montag (in Deutschland: Dienstag) nach Pfingsten bis zum Samstag vor dem 1. Advent.

Der letzte Sonntag im Kirchenjahr ist immer der 34. Sonntag im Jahreskreis (Christkönigsfest). Hat ein Jahr nur 33 Jahreswochen, wird bei der Zählung der Woche nach Pfingsten eine Woche im Jahreskreis übersprungen.

Die Zeit im Jahreskreis wird immer wieder punktuell unterbrochen, da Hochfeste, Feste und Gedenktage besondere Akzente setzen.

Festordnung

Welche Liturgie am jeweiligen Tag gefeiert wird, richtet sich nach einer detaillierten Rangordnung. Das Heiligengedenken folgt beispielsweise diesem Raster:

H Hochfest (vollständiger Wortgottesdienst, Gloria und Credo)

F Fest (mit eigenen Schrifttexten und Gloria)

G Gebotener Gedenktag (eigenes Tagesgebet)

g nichtgebotener Gedenktag (eigenes Tagesgebet fakultativ)

Auch abseits der Heiligengedächtnisse gibt es eine Rangfolge liturgischer Tage. So verdrängen beispielsweise die Sonntage im Advent, der österlichen Bußzeit und der Osterzeit alle anderen Feste und Hochfeste.

Genaue Angaben sind im Direktorium zu finden, das jede Diözese und Ordensgemeinschaft alljährlich herausgibt. Dort sind auch der jeweilige Verpflichtungsgrad und die Variationsmöglichkeiten verzeichnet.

Einzelfeste

Die Ideenfeste haben bestimmte Glaubensaussagen („Ideen") zum Inhalt und sind aus einer zeitbedingten Frömmigkeitshaltung entstanden:

- Dreifaltigkeitsfest, seit 1334: Sonntag nach Pfingsten
- Hochfest des Leibes und Blutes Christi, Fronleichnam (*fron – Herr, leichnam – Leib*), seit 1264: Donnerstag nach dem Dreifaltigkeitsfest (Verwandtschaft mit Gründonnerstag)
- Heiligstes Herz Jesu, seit 1765: Freitag in der Woche nach Fronleichnam
- Christkönigsfest, seit 1925: letzter Sonntag im Kirchenjahr, seit 1970

Marienfeste ▶ GL 519

Die herausragende Rolle Mariens im Heilsgeschehen wird durch eine Reihe von Festen unterstrichen, die sich im Lauf der Jahrhunderte herausgebildet haben: Die wichtigsten sind:

- Hochfest der Gottesmutter Maria – Maria als Gottesgebärerin (ältestes Mariengedächtnis, an diesem Tag seit 1969): 1.1.
- Patrona Bavariae (regional, an diesem Tag seit 1970): 1.5.
- Fest Mariä Heimsuchung – Besuch Mariens bei Elisabet (seit 1568): 2.7.
- Hochfest Mariä Aufnahme in den Himmel: 15.8.
- Fest Mariä Geburt: 8.9.
- Gedächtnis der Schmerzen Mariens: 15.9.
- Hochfest der ohne Erbsünde empfangenen Jungfrau und Gottesmutter Maria – Erwählung Mariens (seit 1476): 8.12.

Darüber hinaus ist der Samstag besonders dem Mariengedächtnis geweiht, ebenso der Mai als Marienmonat (Maiandachten) und der Oktober als Rosenkranzmonat.

Heiligengedächtnis ▶ GL 541

Bereits in der Urkirche entsteht der Brauch, sich am Todestag von Angehörigen an deren Grabstätte zur Eucharistie zu versammeln. Man weiß sich in der Feier von Tod und Auferstehung Jesu Christi besonders mit den Verstorbenen verbunden. Auch an den Gräbern der Märtyrer versammelte man sich regelmäßig zu Gebet und Gottesdienst.

Ab dem 4. Jahrhundert entstanden zunächst Kirchenbauten über Heiligengräbern. Später wurden Reliquien von Heiligen gezielt an andere Orte gebracht, um dort über ihren neuen Gräbern Kirchen zu errichten. Noch heute werden meist Reliquien in die Altäre der Kirchen eingefügt. Reliquien, Statuen und Bilder galten so als Zeichen der Nähe der Heiligen in den jeweiligen Gemeinden – oft weit vom eigentlichen Bestattungsort entfernt.

Besondere Verehrung erlangten die Apostel, die Märtyrer und die Bekenner. Nach dem Ende der Christenverfolgungen wurden auch bedeutende Päpste, Bischöfe und Kirchenlehrer verehrt. Begangen wird als Gedächtnistag in der Regel der Sterbetag (als Geburtstag für den Himmel).

Im Generalkalender sind die Heiligen aufgeführt, die in der Gesamtkirche verehrt werden. Die Regional-, Diözesan- und Ordenskalender berücksichtigen darüber hinaus lokale Gegebenheiten. Grundsätzlich haben in der jeweiligen Kirche die Regionalkalender Priorität.

In der Diözese Würzburg genießen die Bistumspatrone Kilian, Kolonat und Totnan (8.7.) und der erste Bischof Burkard (14.10.) besondere Verehrung. Darüber hinaus sind regional viele weitere Heilige verzeichnet. ▶ GL 700.

Sonstiges

Der jeweils erste Freitag im Monat hat eine besondere Note als Herz-Jesu-Freitag. In manchen Gemeinden wird traditionell nach der Messfeier das Allerheiligste ausgesetzt und nach einer kurzen Andacht der sakramentale Segen erteilt.

Neben dem Kirchenjahr haben weitere Anlässe Eingang in die liturgischen Feiern gefunden:

– Die Aktion Dreikönigssingen überlagert das Epiphanie-Fest am 6. Januar.
– Der einstige Passionssonntag (5. Fastensonntag) wird nurmehr als Misereor-Sonntag wahrgenommen.
– Seit jeher wird auch das Erntedankfest am ersten Oktobersonntag liturgisch begangen.
– Der Weltmissionssonntag beansprucht seinen Platz am letzten Oktobersonntag.

13 LITERATUR

Textbücher für den Gottesdienst

■ Messfeier und Wort-Gottes-Feier

Messbuch II, Freiburg: Herder [2]1988 **(MB)**

Weiß, Bardo: Themenschlüssel zum Messbuch. Eine pastoralliturgische Arbeitshilfe, Einsiedeln: Benziger 1976

Mess-Lektionar (3 Bde. Sonn- und Festtage, 5 Bde. Wochen- und Gedenktage), Freiburg: Herder 1983 *(Neuausgaben seit 2018); ergänzend/alternativ:* Vollbibel, Evangeliar, Psalmenbuch

Schott-Messbuch für die Sonn- und Festtage (3 Bde. A,B,C) mit Einführungen, Freiburg 1982; Schott-Messbuch für die Wochentage (3 Bde.) mit Einführungen, Freiburg 1984 *(Neuausgaben seit 2018); alle Texte auch online über:* erzabtei-beuron.de ↗ schott

Schriftlesungen online: wortgottesfeier.de

Wort-Gottes-Feier. Werkbuch für die Sonn- und Festtage, Trier: Deutsches Liturgisches Institut 2004 **(WGF)**

Versammelt in seinem Namen. Tagzeitenliturgie – Wort-Gottes-Feier – Andachten an Wochentagen, Trier: Deutsches Liturgisches Institut 2008 **(VISN)**

Die Wort-Gottes-Feier am Sonntag, hrsg. vom Liturgischen Institut in Freiburg im Auftrag der Bischöfe der deutschsprachigen Schweiz, Freiburg/Schweiz 2014

Sonntäglicher Lobpreis. Ergänzung zum Werkbuch für die Sonn- und Festtage, Trier: Deutsches Liturgisches Institut 2017

Kantorenbücher für den Antwortpsalm

Psalmenbuch. Einfache Antwortpsalmen für alle Tage des Kirchenjahres, Stuttgart: Katholisches Bibelwerk 2018; *online:* psalmenbuch.online

Münchener Kantorale. Werk- und Vorsängerbuch für die musikalische Gestaltung der Messfeier (5 Bde.), München 2014–2017

Sonstiges

Die Feier des Stundengebetes. Stundenbuch für die katholischen Bistümer des deutschen Sprachgebietes. (3 Bde. u. Ergänzungshefte zur Lesehore *mit hagiographischen Lesungen*), Freiburg: Herder 1978

Morgenlob – Abendlob. Mit der Gemeinde feiern. Dienstebuch (3 Bde.), Planegg: Promultis 2000

Benediktionale, Studienausgabe für die katholischen Bistümer des deutschen Sprachgebietes, Freiburg: Herder 1987

Gotteslob. Katholisches Gebet- und Gesangbuch, 2013 (**GL**)

Gotteslob Dienstebuch, Trier: Deutsches Liturgisches Institut 2015

Dokumente

Sacrosanctum Concilium – Konstitution über die heilige Liturgie, in: Kleines Konzilskompendium, Freiburg: Herder [35]2008

Gemeinsame Synode der Bistümer in der Bundesrepublik Deutschland, Beschluss Gottesdienst, Freiburg: Herder 1976

Allgemeine Einführung ins Messbuch (**AEM**); *online über:* liturgie.de

Grundordnung des Römischen Messbuchs. Vorabpublikation zum Deutschen Messbuch (Arbeitshilfe 105), Bonn 2007 (**GORM**); *auch online über:* www.dbk.de

Allgemeine Einführung ins Stundengebet (**AES**); *online über:* liturgie.de

Pastorale Einführung ins Messlektionar (**PEM**); *online über:* liturgie.de

Die Messfeier. Dokumentensammlung. Auswahl für die Praxis (Arbeitshilfe 77), Bonn: DBK [11]2009; *online über:* dbk.de

Zum gemeinsamen Dienst berufen. Die Leitung gottesdienstlicher Feiern (Die deutschen Bischöfe 62), Bonn: DBK 1999; *online über:* dbk.de

Wort-Gottes-Feiern und Gottesdienstbeauftragte in der Diözese Würzburg. Richtlinien und Rahmenordnung, Würzburg: Liturgiereferat 2005; *online über:* liturgie.bistum-wuerzburg.de

Weiterführende Literatur

Allgemeines zur Liturgie

Adam, Adolf / Haunerland, Winfried: Grundriss Liturgie, Freiburg: Herder 2013

Berger, Rupert: Pastoralliturgisches Handlexikon, Freiburg 2013

Blum, Heribert: Gottes Dienst an uns. Eine Einführung in die Liturgie, Stuttgart: Kohlhammer 2017

Eham, Markus: Richtig Messe feiern. 16 liturgische Lektionen für Einsteiger und Fortgeschrittene, München: Michaelsbund 2015

Guardini, Romano: Vom Geist der Liturgie, Mainz: Grünewald 2018

Guardini, Romano: Von heiligen Zeichen, Mainz: Grünewald 2016

Kunzler, Michael: Leben in Christus. Eine Laienliturgik zur Einführung in die Mysterien des Gottesdienstes, Paderborn 1999

Kunzler, Michael: Zum Lob deiner Herrlichkeit, Zwanzig Lektionen für Männer und Frauen in liturgischen Laiendiensten, Paderborn: Bonifatius 1996

Lohaus, Gerd / Stockhoff, Nicole (Hg.): Wir in Gottes Dienst. Grundwissen für Lektoren, Kantoren, Kommunionhelfer, Freiburg: Herder 2014

Lumma, Liborius O.: Crashkurs Liturgie. Eine kurze Einführung in den katholischen Gottesdienst, Regensburg: Pustet 2010

Stuflesser, Martin / Winter, Stefan: Grundkurs Liturgie, Wo zwei oder drei versammelt sind – Was ist Liturgie?, Regensburg: Pustet 2004

Kirchenjahr

Bieritz, Karl-Heinrich: Das Kirchenjahr. Feste, Gedenk- und Feiertage in Geschichte und Gegenwart, München: Beck [7]2005

Fuchs, Guido: Einen sah ich sterbend in das Leben gehen: Die Liturgie der Kar- und Ostertage, Regensburg: Pustet 2011

Lumma, Liborius O.: Feiern im Rhythmus des Jahres. Eine kurze Einführung in christliche Zeitrechnung und Feste, Regensburg: Pustet 2016

Weinert, Franz-Rudolf: Den Osterfestkreis verstehen und feiern, Regensburg: Pustet 2001

Weinert, Franz-Rudolf: Der Weihnachtsfestkreis. Liturgie und Brauchtum, Mainz: Grünewald 1993

Messfeier

Gottes Wort feiern. Der Wortgottesdienst der Messfeier, Trier: Deutsches Liturgisches Institut 2000

Jilek, August: Das Brotbrechen. Eine Einführung in die Eucharistiefeier, Regensburg: Pustet 1994

Mehr als Brot und Wein. Der Kommunionteil der Messfeier, Trier: Deutsches Liturgisches Institut 1999

Messe gestalten. Grundlagen und Anregungen – mit Vorschlägen aus dem Gotteslob, Innsbruck: Tyrolia 2015

Renken, Christian: Richtig Messe feiern. Ein Leitfaden für die Eucharistiefeier am Sonntag, Regensburg: Pustet 2009

Sie erkannten ihn, als er das Brot brach. Die Messfeier an Sonn- und Festtagen in der Pfarrgemeinde – Anregungen und Hilfen, München: Erzbischöfliches Ordinariat; *online:* https://www.erzbistum-muenchen.de/cms-media/media-42852020.pdf

Wort-Gottes-Feier

Dürr, Marion: „Brannte uns nicht das Herz …?“ Struktur und Gestaltung der Wort-Gottes-Feier an Sonn- und Feiertagen, Regensburg: Pustet 2011

Kranemann, Benedikt / Sternberg, Thomas: Wie das Wort Gottes feiern? Der Wortgottesdienst als theologische Herausforderung (QD 194), Freiburg: Herder 2002

Kranemann, Benedikt: Die Wort-Gottes-Feier. Eine Herausforderung für Theologie, Liturgie und Pastoral, Stuttgart: Bibelwerk 2016

Lieder und Gesänge für Wort-Gottes-Feiern. Liturgische Arbeitshilfe zum neuen Gotteslob, Mainz: Referat Liturgie 2016; *online über:* liturgie.bistummainz.de ↗ liturgische-praxis ↗ Gottesdienstbeauftragte

Tagzeitenliturgie

Lumma, Liborius O.: Liturgie im Rhythmus des Tages. Eine kurze Einführung in Geschichte und Praxis des Stundengebets, Regensburg: Pustet 2011

Ringseisen, Paul: Morgen- und Abendlob mit der Gemeinde. Geistliche Erschließung, Erfahrungen und Modelle, Freiburg 2002

Gemeindevesper (Feiermodell), Aschaffenburg: Pfeifer 2010

Bibel

Baur, Wolfgang (Hg.), Stuttgarter Kleiner Bibelführer, Stuttgart: KBW 2017

Dohmen, Christoph / Hieke, Thomas: Das Buch der Bücher. Die Bibel – Eine Einführung, Regensburg: Pustet 2019

Reihe „Bibel einfach lesen", Stuttgart KBW (Heftchen je 1 €) 1 Einführung in alle Bücher der Bibel — 2 Methoden für das Lesen allein — 3 Methoden für das Lesen in Gruppen — 4 Hilfen für Lektorinnen und Lektoren — 5 Alte neue Bibel – Gebrauchsanweisung — 6 Lectio divina – Mit dem Herzen lesen

Mit der Bibel durch das Jahr. Ökumenische Bibelauslegungen; *Anregung zur täglichen Bibellektüre, erscheint jedes Jahr neu*

Zenger, Erich (Hg.): Lebendige Welt der Bibel. Entdeckungsreise in das Alte Testament, Freiburg: Herder 1997

Schreiber, Stefan, Begleiter durch das Neue Testament, Mainz: Grünewald 2018

Zerfaß, Rolf: Grundkurs Predigt (2 Bde.), Düsseldorf: Patmos ^{2}1989 und 1992

Liedauswahl

Online-Lieddatenbank: http://dli.institute/wp/register-zum-gotteslob-liedanfaenge-und-liednummern/

Franz, Ansgar u.a. (Hgg.): Die Lieder des Gotteslob. Geschichte – Liturgie – Kultur, Stuttgart 2017

Gotteslob Themenschlüssel. Ausgabe Bistum Würzburg, Würzburg: Echter 2017

Münchener Kantorale. Werk- und Vorsängerbuch für die musikalische Gestaltung der Messfeier (5 Bde.), München 2014–2017; *enthält reichhaltige Liedvorschläge*

Schumacher, Thomas: Liedauswahl nach Themen leicht gemacht. Konkordanz zum Gotteslob in 500 Stichworten und Liedvorschläge für jeden Sonntag, München 2013

Online-Liedplan: liedplan.bistum-wuerzburg.de

Übergreifende Themen

Flügge, Erik: Der Jargon der Betroffenheit, Wie die Kirche an ihrer Sprache verreckt, München: Kösel 2016

Küstenmacher M. und W. / Haberer T.: Gott 9.0, Wohin unsere Gesellschaft spirituell wachsen wird, München: Gütersloher 2011

Lehnert, Christian: Der Gott in einer Nuß – Fliegende Blätter von Kult und Gebet, Berlin: Suhrkamp 2017

Lumma, Liborius O.: Für-Bitten – verstehen, verfassen, vortragen, Innsbruck: Tyrolia 2018

Mascher, Paul / Nuener, Christian / Böhm, Thomas H.: In Gottes Namen versammelt. Werkbuch für Liturgiekreise, München: Don Bosco 2003

Dialog mit dem Auge. Liturgie sehen (Gottesdienst extra), Trier: Deutsches Liturgisches Institut 2009

Willa, Josef-Anton / Nagel, Eduard: Lasset uns beten. liturgisch und persönlich, Freiburg: Paulus 2014

Segen

Adam, Adolf: An Gottes Segen ist alles gelegen. Die Segnungen der Kirche, Leutesdorf: Johannes 2001

Heute segnen, Werkbuch zum Benediktionale, Freiburg: Herder 1987

Zeitschrift

Die Zeitschrift „Gottesdienst“ informiert über aktuelle liturgische Fragen und Diskussionen. Sie enthält außerdem Gestaltungshilfen für den sonntäglichen Gottesdienst.

Diese Zusammenstellung empfehlenswerter Literatur umfasst ausdrücklich keine Praxisbücher und Internetadressen, die weiteres Material und zum Teil vollständige Gottesdienstentwürfe bereitstellen. Ziel des vorliegenden Buches ist ja gerade die Befähigung, selbst aus dem vorhandenen Material (z. B. WGF, VISN, MB) auszuwählen und dieses ggf. zu bearbeiten, statt stets neue Texte zu suchen.